THE UNDERWATER MYSTERY

水中ミステリー

海底遺跡と難破船

井上たかひこ
Inoue Takahiko

東京新聞

まえがき

海に沈んだ古代文明、謎のアトランティスやムー大陸の伝説は、人々のロマンや冒険心をかき立ててやまない。世界の海底には、いまなお謎に包まれた文明や人類のいとなみを示す物的証拠が数多く埋没している。そうした水中の遺跡を研究調査するのが水中考古学だ。

海沿いの町、茨城県日立市で育った私は子どもの頃から海に親しんでいたこともあり、いつかは海底の難破船探しをしてみたいと夢見ていた。転機が訪れたのは、30代の頃。まるで小説「宝島」にも似た冒険性に富む世界を学問として学べる水中考古学に出会い、しだいにその世界に魅了されていった。

水中考古学はフランスの海洋学者、ジャック＝イブ・クストーが１９４３年にアクアラング（自給式水中呼吸装置）を開発したことがきっかけで発達した。海洋冒険家による海底の財宝探しから、古代沈没船や海底都市、港湾遺跡など文化遺産の学術調査に変わっていった。陸上遺跡と違い水底遺跡は厚い水の層に覆われていることが幸いし、破壊や盗掘から守られてきたため、保存状態が良いのが特徴だ。

海に潜り、難破船や海底都市を研究調査する——。いかにも面白そうな分野であった。世界ではさまざまな実践的研究が行われ、めざましい成果を上げていたが、当時の日本の大学には水中考古学の講座がない。私は、「水中考古学の父」と呼ばれるジョージ・バス博士を慕って米国に留学することにした。1960年、トルコ・ゲリドニア岬の青銅器時代の難破船発掘で輝かしい成果を収めた氏は、米テキサスA&M大学に水中考古学研究所を立ち上げた、世界中の水中考古学を志す者にとっては神様的存在であり、はるか雲の上の偉人であった。

バス博士は、勤勉な学生には温かい言葉をかけてくれる人だった。

「水中考古学のやり方をつぶさに見て、肌で感じてきたらよい」

博士の勧めのもと、1988年夏、地中海トルコのウル・ブルンで初めて発掘調査に参加することができた。ウル・ブルン難破船の調査といえば、水中考古学研究所の学生の中でも、特に優秀な学生だけが参加の機会を与えられる、いわば調査の桧舞台《ひのきぶたい》といってもよいもので、できの悪い劣等生にすぎない私が現地調査に関われるとは、夢にも思わなかった。背景には日本の水中考古学の将来のためにという博士の配慮もあった。贅沢すぎる破格の待遇だった。

難破船はいまから三千数百年前の後期青銅器時代の交易船で、世界最古といえるもの。水深50メートル。ぞっとする深さだ。潜水が苦手な私だったが、訓練のかいもあり、どうにか海底にたどり着くことができた。海底は、肉眼でも周囲を見渡せるほどの透明度で、裸足《はだし》で歩いてみると砂地の感触が実に心地よい。生まれて初めて見る難破船の周りには、大小の壺《つぼ》や高価な貴金属類、銅の地金などが折り重なるように散乱していた。「古代エジプトの少年王、ツタンカーメンのもとに向かっていた王家の船にちがいない」と思うと、感激で言葉もなかった。

翌年には、ジャマイカ島ポート・ロイヤル海底都市の発掘に加わった。ここはカリブ海に君臨した大海賊ヘンリー・モーガンの本拠地で、1692年の大地震と津波で町の大半が海中に沈んだ。レンガ造りの廃墟《はいきょ》の街並みが延々と続く海底は、まさに「水底のポンペイ」の如《ごと》し。海底から見つかったものもきわめて劇的であった。

物体の表面を覆うサンゴを取り除くと、現れたのは銀製の懐中時計。「ワーオ!」。その瞬間、私の心は宙に舞い上がった。文字盤に針はなかったが、X線検査の結果、午前11時43分を指す針の痕跡が確認された。こうして海底に没した1個の時計が、ポート・ロイヤルが大地震に見舞われた歴史的時刻を告げてくれたのである。

私がいま取り組むのは、千葉県勝浦沖に眠る米国の黒船「ハーマン号」の調査だ。この船は、戊辰戦争で箱館(函館)にこもった榎本武揚《えのもとたけあき》を討つべく、熊本藩が借り受けた船(傭船)だ。ところが横浜港出帆《しゅっぱん》後の1869(明治2)年、時化《しけ》のため勝浦沖で難破、熊本藩士200余名、米国人乗組員22名の犠牲者を出した。海底には、長さ25メートル、幅10メートルの範囲で沈没船の残骸が散らばっている。船体材や無数の金属棒に混じって、スープ皿などの洋食器類、それに和製の土瓶《どびん》や茶わんなどが見つかっている。一帯の海域は名にし負う岩礁地帯。潮の流れが速く、私も何度も溺れかかった「魔の海」。時には赤潮や冷水塊が発生し、調査できないこともしばしばだ。

琉球大学と長崎県松浦市による鷹島《たかしま》海底での2隻の「元寇船」発見を機に国も水中考古学に力を入れるようになってきた。島国日本の周りには、まだ日の目を見ていない何千もの水中遺跡が埋もれているはずだ。

「難破船にはどんなものが積まれている?」

想像するだけでドキドキ、ワクワク。水中考古学は学問の域を超え、夢を呼ぶ「インディ・ジョーンズの世界」でもある。

目次

※本書は、産経新聞に2016年4月から2018年5月まで23回にわたって連載された「水中考古学へのいざない」に大幅加筆し、再構成したものです。本文中の肩書きなどは基本的に連載当時のものです。

水中ミステリー　海底遺跡と難破船

初めての海底調査
地中海の王家の船

私が初めて海底での発掘調査に参加したのは、1988（昭和63）年夏。まえがきで少し触れたが、場所はトルコ南部、地中海に面するウル・ブルン岬だった。そこに沈む難破船は、はるか三千数百年以上前の後期青銅器時代の交易船で、世界最古といえる。初のフィールドワークの舞台に、心が舞い上がったのを鮮明に覚えている。

調査本番前の予行演習。現地のエメラルド色に輝く海を前に、恐怖で顔がひきつった。私の耳管《じかん》は狭くて「耳抜き」が容易ではないらしく、当時は2～3メートルも潜ると耳が痛くなってなかなか先に進めなかった。私の潜水経験といったら、素潜りは別にしてほとんど無きに等しかった。この調査に参加する1年半ほど前に東京にあるスポーツクラブの潜水プール（最深10メートル）で2、3度、そして伊豆大島へのダイビングツアーで2度海（最深15メートル程度）に潜り、中耳《ちゅうじ》の痛みも我慢してスキューバダイビングの初級ライセンスを取得したばかりだったのだ。だ

が、難破船が沈んでいるのは深さ約50メートルの海底である。

50メートルは、生身の人間が潜れる限界といわれる。潜水病にかかる恐れがあるため、許される潜水時間は20分だけ。「ウルトラマン」の3分よりは長いが、潜るのにモタついていては仕事にならない。「大丈夫か……」

調査船から海底へと伸びる綱をつたい、足から先に恐る恐る潜降していく。腰の引けた状態だったので約30メートルまで潜るのに15分もかかってしまった。海底にたどり着く前に20分が過ぎてしまうのは確実で、案の定、しばらくして「時間切れ」の合図が。私は自分の潜水技術の拙《つたな》さに失望しながら、海上へ戻っていった。

ウル・ブルンの断崖絶壁の下に設営されたキャンプ。隊員たちはここで数カ月を過ごす（筆者撮影）

はるばる現場まで来て、海底まで潜れないのではシャレにならない。私は特訓した。チームの隊員の指導のもと、毎日50回、口を閉じて鼻をつまんだ状態で息を耳に流し込んで耳管を広げる訓練をしたおかげで、１週間ほどで何とか素早く潜れるようになった。

そしていよいよ本番。タンクを背負い、ウエイト、足ひれを着けると、仲間の後を追うように船上から海へ。他の隊員たちに遅れることなく30秒ほどで海底にたどり着くことができた。

全長約15メートルと推定される難破船の残骸は、水深43～51メートルの急傾斜地に横たわっていた。さらさらとした砂地が素足に心地よい。月面に降り立った宇宙飛行士のように船の周りをゆっくりと歩いてみた。周辺には、大小の壺《つぼ》や四つ耳のインゴット（四隅に持ち手がついた平板の地金）、石の碇《いかり》などが散乱している。ふと顔を上げると、マンタのつがいが大きなひれをマントのように広げ、ゆっくりと上下に動かしながら暗黒のかなたへと泳ぎ去っていった。

難破船の近くには、母船との交信用にドーム形の「水中電話ボックス」が設けられた。ドーム内に入ると、母船からホースによって新鮮な空気が送られてくるため、レギュレーター（ダイバーが呼吸するための装置）なしで直接呼吸ができる。私もマスクを外して船上に電話をかけたり、その場で隊員たちと言葉を交わしたりした。その異次元の世界に私の心はときめいた。

大型の物や金属塊などの重い物は「水中気球」を使い水面まで運ぶ。かさばる壺などは鉄枠でできた「かご」に入れて気球でつるし上げる。私はこれを「水中宅配便」と呼んだ。文明の利器とまではいえないまでも、それほど便利だった。

海底での20分はあっという間に過ぎる。潜水調査は午前と午後に1回ずつ行われ、約50日間の滞在で私もすっかり慣れた。「快適、快適」を連発する私を隊員らは「水中での仕事をあなどってはならない」と戒めた。

ウル・ブルン難破船は1982年に地元の海綿採集夫によって発見された。私の師匠、ジョージ・バス博士の水中考古学研究所と米テキサスA&M大学が1984年から1994年にかけて発掘調査を実施し、延べ2万2500時間に及ぶ調査の結果、まるで玉手箱の中身のような積み荷の山が発掘された。

壺や貴金属類に混じって見つかった大量の銅の地金は、錫《すず》と混ぜて青銅をつくれば武器や甲冑《かっちゅう》など当時の小軍隊を装備するに十分な量だ。100以上のアンフォラ（二つの取っ手がある、ワインやオリーブ油を入れる壺）に詰められた計1トンもの樹脂は、宗教的儀式のために焚《た》く香料や、香辛料に使われたものだったという。

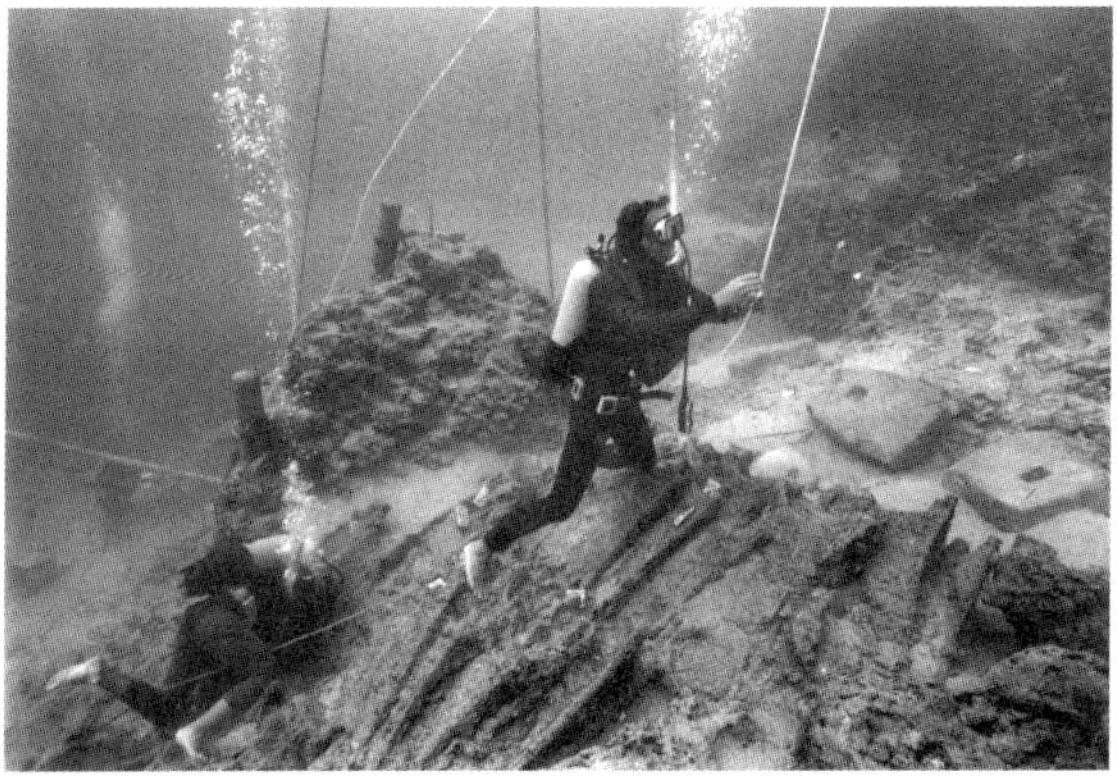
トルコ南部ウル・ブルン岬近くの海底で発掘調査中の隊員たち（ロバート・ニイランド氏撮影・提供）

さらに、中近東の青色ガラス塊、アフリカ産の黒檀《こくたん》、バルト海からの琥珀《こはく》、ミュケナイ地方の陶器類、キプロスの水差し、エジプトの黄金のスカラベ（コガネムシの形をしたお守り）、メソポタミアの円筒印章、象牙、カバの歯、ダチョウの卵殻、オリーブが入った甕《かめ》……。船には多様で豪華な当代随一の交易品が満載されていた。

船の沈んだ時期は紀元前1300年頃とみられており、その時期と積み荷の内容から推して、古代エジプト第18王朝ツタンカーメン王時代に東地中海一帯を巡回した王家の船であったようだ。船はシリアかパレスチナ周辺で建造さ

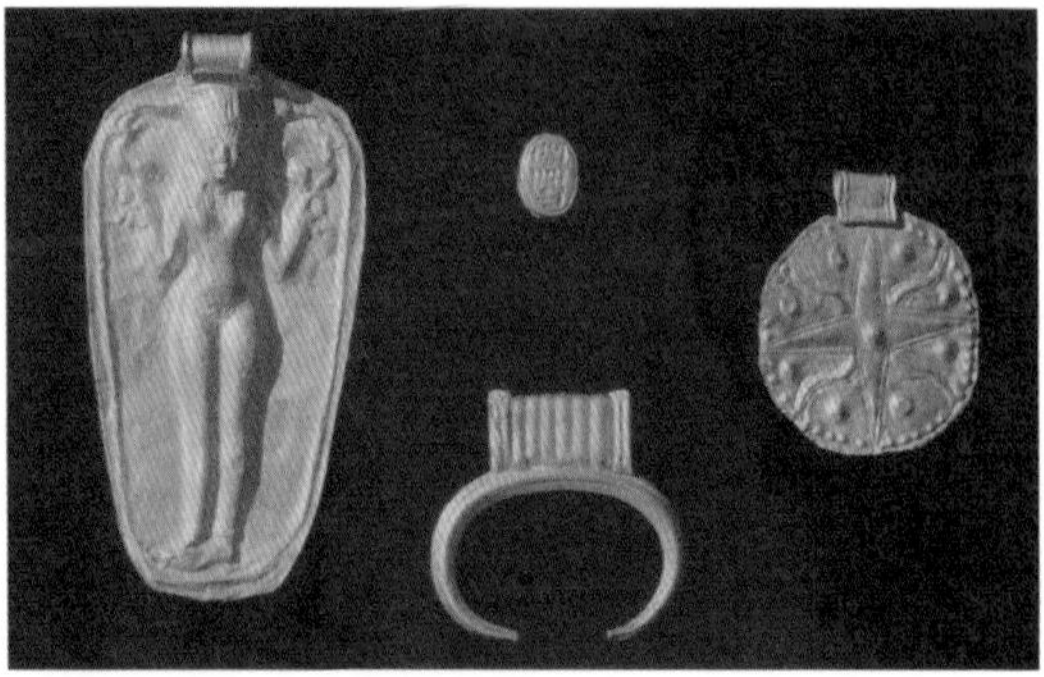

海底から回収された金の宝飾品（Cemal Pulak,Uluburun Shipwreck Project/ INA提供）

れたと推測される。

船の航路をたどってみると、出帆《しゅっぱん》後、キプロス、南トルコ沖からエーゲ海のロードス島、クレタ島、そしてギリシャのミケーネ方面に向かう途中で沈没した……。当時の交易の主力の一つである銅はキプロスの特産品で、錫はイランやアフガニスタン、中央アジア周辺から運ばれてきたようだ。エジプトには銅の鉱床がなく、もっぱら輸入に頼っていた。

エジプトのレクミラの墓に描かれた壁画によると、ブラックウッドとして知られる黒檀は南エジプトのヌビア地方からファラオへの貢ぎ物として送られていたらしく、ツタンカーメン王の墓に納められていた寝台や椅子、衣装箱などの調度品はこの黒檀を材料につくられている。これらは象牙とともに加工され、より格式高い品となって、ウル・ブルン難破船によって外国へ送られていたのだった。このような交易がはるか三千数百年以上も前に行われていたのだと驚かされる。

かつてツタンカーメンの眠っていた「王家の谷」を訪れたことがある。少年王の「黄金のマスク」や「金箔の玉座」、杖やサンダル、宝石類などと一緒にこれらの品々も埋められていたのだろうか？

　時代は風のように足早に過ぎ去っていく。積み荷の検証結果は、古代史のいくつかのヴェールをはぎ取ったのかも知れない。ウル・ブルン難破船は、水中考古学の価値そのものを理解するための一つの好例であるといえよう。

日本とトルコの友好をもたらしたエルトゥールル号

１８９０（明治23）年、親善使節団として日本を訪れたオスマン帝国（現在のトルコ）の軍艦「エルトゥールル号」は、明治天皇への表敬を果たしての帰途、熊野灘で暴風雨に遭遇。和歌山県串本町大島の樫野埼《かしのざき》灯台付近で難破し、オスマン・パシャ司令官以下将兵ら５８０人以上が殉職した。このとき、大島の村民が総出で救助にあたり、69人の乗組員を助け出した。島の人々は介護に必要な布団や衣類などの品々、さらには食料の備蓄が少ないなかで、卵やさつまいも、鶏肉を分け与え、生存者を献身的に介抱した。翌年、日本海軍は軍艦「金剛」「比叡」で生存者をトルコに送り届けた。

「月刊ダイバー」（２０１７年4月号）によれば、これら一連の出来事は、トルコの小学校の教科書にも記載されているという。また、トルコが帝政ロシアの圧政を受けていた時代、日本が日露戦争で勝ったことから、「日本びいき」の感情がトルコの人たちにはあると聞く。

時は移ろいイラン・イラク戦争中の1985（昭和60）年、イラク大統領サダム・フセインは突然、軍用機・民間機を問わず「これより48時間以降にイラク領空を飛ぶすべての航空機を撃ち落とす」と宣言した。イラン在住の外国人が慌てて自国航空機で脱出する中、日本政府の対応は遅れ、首都テヘランには駐在員などの日本人が取り残されていた。期限が迫り八方塞がりの中、トルコの特別機2機が日本人の救出のため危険を顧みず到着し、215人を乗せて飛び立った。日本駐在トルコ大使は、「1890年のエルトゥールル号の恩返しをしただけです」との声明を発表した。これら親交の物語は2017（平成29）年末、両国による合作映画「海難1890」として公開され、話題を集めた。

エルトゥールル号が座礁した船甲羅（筆者撮影）

2016年3月、私は自宅のある茨城県から列車を乗り継ぎ、本州最南端にある串本町を訪れた。この町にはトルコとの特別なつながりがあり、交流も盛んだ。その始まり、さらには日本とトルコの友好のきっかけにもなった19世紀の難破船「エルトゥールル号」の発掘調査が続けられている。

町を訪れ、役場の方の案内で樫野埼の丘にあるトルコ記念館の屋上展望台に上った。エルトゥールル号は串本沖の「船甲羅《ふなごうら》」と呼ばれる暗礁地帯にバラバラになった状態で眠っている。展望台からは船甲羅がすぐ眼前に迫る。

海の色は青く水は澄んでいても、そこはゴツゴツした岩が広がっていて、エルトゥールル号はその先端で座礁したという。岩の下の洞窟状になったところに、まだ相当数の遺物が堆積しており、現在はそこを重点的に発掘し続けているという。

「航海の難所ですね」

思わず役場の人を相手にぽつりとつぶやいた。

2007年1月、この沈没船を引き揚げようとトルコ海洋考古学研究所所長トゥファン・トゥランル氏の呼びかけのもと、トルコと米国の調査団が来日。両国の友好関係をさらに高める礎にしようというプロジェクトがスタートした。水中考古学の発展に尽力してきたフランスのマチス財団などが資金を援助し、地元・串本でも官民一体で協力した。日本からも串本町、写真家の赤木正和氏のほか、串本町内のダイビング事業者、海洋調査会社の人々も加わった。チームの最初の仕事は、海底に散らばる船の残骸の確認と、沈没区域の正確な把握にあった。

まず、6トンの漁船を調査船に仕立て、高精度の超音波探知機とGPSを組み合わせた最新鋭機器を使って立体的な海底地図を作成した。この超音波探知機の精度は、水深10メートルに沈んだ厚さ6ミリの鉄板をも感知する驚くべきものだった。遺跡の正確な位置を調べるGPSの性能も、誤差わずか数センチという高精度を誇る。さらに、金属探知機を使った潜水による調査を行ったところ、散乱物の多くは、船が激突した岩礁と灯台の間に分布して埋まっていることもわかった。船が座礁した際に、海水が侵入しボイラーが水蒸気爆発を起こしたものと思われる。遭難現場の海底地形は思ったより複雑で起伏も激しく、地元漁師さえ入らない場所という。

翌年から本格的な発掘調査が始まり、これまでに8千点近い遺物が引き揚げられている。中でも周囲を驚かせたのが、一枚の大きな絵皿だ。鑑定の結果、明治維新後に港町横浜で発展し、海外でも評判を呼んだ「横浜磁器」（横浜焼）とわかった。乗組員の私物、もしくはオスマン帝国皇帝への献上品として購入されたとみられている。横浜焼は第2次大戦後に窯が途絶えたため現存数がきわめて少なく、貴重な発見となった。

エルトゥールル号（串本町提供）

横浜焼は、1873年のウィーン万国博覧会に出展するため日本政府が各地から絵付師や本職の画家を集め、花瓶や壺に日本独自の絵を描かせて誕生した。欧米で「ジャポニスム」（日本趣味）の一大ブームを巻き起こすきっかけとなった逸品だ。

ほかにもエンジンらしき金属塊、ランタン、水道の蛇口、ライフル銃、貨幣、料理用大鍋、菊の紋章入りの皿類、コーヒーミル、船の滑車、パイプ、香水瓶、トルコ樫などが良い状態で見つかった。水中遺跡は、陸上のそれに比べて調査に手間がかかるが、保存状態が良いというメリットがある。

和歌山県串本町のトルコ記念館に展示される、エルトゥールル号が沈む海底から引き揚げられた大鍋（串本町協力・筆者撮影）

例年冬場におこなう海底調査は、２０１６年〜２０１８年は諸般の事情により見送られたが、代わりに膨大な遺物の保存処理作業ができた。これも遺物の腐食を防ぐための欠かせない仕事の一つだ。串本町では廃校となった養春《ようしゅん》小学校に「エルトゥールル号リサーチセンター」を設置、修復作業には地元の小中高校生らも実習参加し、その技術を学んでもらうなど、地域に根付いた活動も進められている。

　保存作業も指示した調査団のトゥランル団長は「オスマン帝国末期の軍の実態が明らかになる意義は大きい」と意気軒高。２０１９年にはニューヨークで展示会を開催、串本町からも出土品を提供するなど大規模なプロジェクトに発展している。地中海で何千回もの潜水経験を誇るキャリアをもち、私とはトルコのウル・ブルン難破船の発掘調査で「同じ釜の飯を食った」旧知の仲でもある。氏の再来日の際には、氏の案内で現場に潜水し、いまだ残るエルトゥールル号の残骸の一かけらでも引き揚げたいとひそかに願っている。コロナ禍では動きが取れなかったようだが、調査の再開も近いことだろう。

串本町樫野埼の丘にはトルコ軍艦遭難慰霊碑が立ち、そのそばのトルコ記念館は２０１５年にリニューアルされて町の観光の目玉の一つとなっている。

１３０余年の時を超えて、海底から甦《よみがえ》るエルトゥールル号。さらなる発見への期待をこめて、町も総力を挙げて後押ししているのを感じた旅だった。

琵琶湖湖底遺跡が示唆するもの

豊臣秀吉の出世城として知られる長浜城は、大坂の陣後の1615（元和元）年に廃城となった。その際に城郭は徹底的に破壊され、往時の姿がほとんどわからない謎多き城である。長浜城をめぐっては、1586（天正13）年の大地震で大きな被害を受けたことが古文書に記されている。マグニチュード7・8とも推定される大地震による被害は甚大で、長浜城では施設が大規模に倒壊し、城主であった山内一豊《かずとよ》の娘、与禰《よね》姫が乳母と共に圧死するなどしている。当時日本を訪れていたイエズス会の宣教師のルイス・フロイスは、突然の地震により「大地が割れ、家屋や多数の人々が呑《の》み込まれてしまい、残りの半分の家屋は、炎上し灰燼《かいじん》に帰した」と著作『日本史』に綴っており、大地震後の津波と城郭そのものの水没の様相を伝えている。

国内最大の湖である琵琶湖（滋賀県）の底には、100余りの遺跡が眠っている。湖周辺の各地には「かつての村や集落が湖中に沈んだ」という伝承が残り、いまなお、神秘と幻想の世界に人々

を誘《いざな》う。

２０１４（平成26）年8月、日本の水中考古学史において画期的な発見があった。滋賀県長浜市に位置する琵琶湖沖合約１００メートル、水深約１・８メートルの湖底で、江戸時代後期の地震で水没したとみられる長浜城下の建物跡が確認されたのだ。

その立役者は、滋賀県立大学の学生や大学院生らでつくる「琵琶湖水中考古学研究会」。２０１２年夏から潜水調査を始め、２年後、湖底に立ったままの８本の木製の柱（直径約17～20センチ、高さ約46～66センチ）を発見した。柱の周辺には建物の基礎部分として、こぶし大の石が直径約８メートル範囲で円形に積み上げられていた。建物は東西２・１メートル、南北１・８メートルと小さく、特異な構造から19世紀初頭に建てられた鎮守の社《やしろ》とみられている。当時の水位と建物遺構の標高差から、地盤沈降によって湖底に没したものと推定される。

日本の水中遺跡で建物跡が見つかるのは初めてだった。付近一帯は長浜城遺跡と呼ばれており、陸地部分に城が復元された。内部は「長浜歴史博物館」となり、往時の一端を垣間見ることができる。研究会代表

琵琶湖湖底遺跡の一つ、尾上浜（おのえはま）遺跡から出土した丸木舟。約4000年前の縄文時代後期のものという（滋賀県提供）

として歴史的発見に関わったのは、当時大学院生の中川永《ひさし》さん。私は2015年春に話を聞く機会があった。

「ジャングルのように水草が繁茂《はんも》する水中を駆け巡り、考古学そのものに不慣れな学生たちの実地訓練を兼ねた活動は苦闘の連続でした」と中川さんは振り返った。

琵琶湖の気象条件は時に厳しく、時化《しけ》は海と変わらぬほど激しい。そんな中で中川さんたちは「キャンパスは琵琶湖」を合言葉に、日本はもちろん世界でもまれな学生主導による水中遺跡の調査に臨み、現在も長浜市沖合に集中する水没伝承遺跡群の実態解明に取り組んでいる。

わが国における水中遺跡への関心の高まりは江戸時代までさかのぼり、それは琵琶湖から始まった。天明年間（1781〜1789年）には、湖底から石器が見つかることも知られていた。

1924（大正13）年には、湖北の葛籠尾崎《つづらおざき》より東方600〜700メートル、水深70メートルの湖底谷から、地元の漁師が底引網漁を操業中に縄文・弥生土器を引き揚げた。その後も、縄文時代〜平安時代という8千年にも及ぶきわめて長い時代幅をもつ土器が出土したため、専門家の注目するところとなった。

その葛籠尾崎湖底遺跡の研究を大きく進展させたのは、奥琵琶湖出身で当時京都教育大学学長だった小江慶雄《おえよしお》氏である。1959（昭和34）年、琵琶湖総合調査の一環として、東京水産大学（現・東京海洋大学）などの協力を得て遺跡の実態を明らかにすべく、潜水や音響測深、ボーリング、水中カメラによる撮影など当時最新鋭の科学技術を駆使して調査を実施した小江氏は、いち早く水底に残る遺跡の保存を訴え、水中考古学の先駆者として大きな業績を残した。

私の恩師、ジョージ・バス博士とも交流があり、バス博士は私に「Ｏｅに会え、Ｏｅに会え」としきりに勧めてくれた。しかし、大変残念なことに小江氏が急逝されたため、「先生にお会いして教えを請いたい」との私の願いは叶《かな》わなかった。

ところで、なぜ地震で水没したのだろう。

この課題に取り組んだのが林博通《ひろみち》・滋賀県立大学名誉教授だ。林氏もまた学生時代に小江氏から琵琶湖湖底遺跡の話をよく耳にして強い関心を抱いたといい、１９９７年度から４年間かけて水没村伝承のある湖底遺跡に焦点を当てた調査を行った。

林氏によれば、湖底遺跡は琵琶湖沿岸に沿ってほぼ全域に分布している。北沿岸部の三ツ矢千軒遺跡などの調査の結果、湖底遺跡は大地震による液状化に伴う地すべりに起因することが判明した。陸地から湖底に没する具体的なメカニズムの解明は、理工系の地質学との共同研究によって進めた成果であり、遺跡の保存状態は長期間水中にあったためきわめて良好だった。

湖岸集落が湖底に沈んだという歴史的事実は、今後も必ず起こりうる問題であり、調査結果は防災対策にも示唆を与える。湖底遺跡研究に継続して取り組む必要性はますます高まっている。

これらの調査結果は、いまの私たちに警鐘を鳴らすものではあるが、現在のところ、防災対策と琵琶湖湖底遺跡の調査成果をリンクさせた具体的取り組みには至っていない。

人々は有史以前から生活の場や漁労活動、あるいは水神信仰や雨乞いなどの祭祀《さいし》の対象として母

長浜城下の建物跡を潜水調査する琵琶湖水中考古学研究会のメンバー＝2015年9月（山本遊児氏撮影・提供）

なる湖に支えられてきた。１９０８（明治41）年に長野県諏訪盆地に位置する諏訪湖曽根の湖底から石鏃《せきぞく》（石製矢じり）が発見されたことで、翌年、東京帝国大学（現・東京大学）の坪井正五郎《しょうごろう》博士が船を使い湖底のドレッジ（浚渫《しゅんせつ》）を行った結果、湖底遺跡と確認し「水上住居址《あと》」説を発表するなどした。陸上の遺跡で残らないものは、木製品、植物遺体、獣骨・魚骨などで、日本列島の多くは酸性土壌のため、そういったものが分解され消失してしまうが、湖底遺跡だと分解を免れる。また、湖は淡水のため、木材を食べるフナクイムシ（体長10センチくらいの二枚貝の仲間で、木造船に食い込んで穴をあける。まるで虫のようなのでこの名があるらしい。海底で見る沈没船の船体には、必ずといってよいほどこのフナクイムシに食い荒らされた跡が残っている）がいないのも遺跡が残りやすい要因だ。水位の変動や地殻変動など自然災害に起因するものが多いが、例えば、古鏡などを池に沈める風習や祭祀による人為的な投棄なども知られている。

ここで、湖ならではの驚くべき調査事例も紹介してみよう。１９４８年、同じ長野県の野尻湖西岸の湖底からナウマンゾウの臼歯が発見された。この一帯ではナウマンゾウやオオツノシカの化石などとともに、旧石器人類がつくったナイフ形石器や骨製ナイフ、それにスクレーパー（加工削器）など、多彩な道具が出土したことで、野尻湖人と称される4万年前の人々が、仕留めたナウマンゾウをこの地で解体していたと考えられている。ナウマンゾウと当時の人類が共存していたことの証であり、このような研究も水中考古学の範疇《はんちゅう》といえるのだろう。

他方、海にはさまざまな時代の船や都市も眠る。調査対象は沈没船や海底都市、沈島《ちんとう》、港湾などに代表される水中文化遺産の研究だ。例えば、１９７６年にお隣の韓国で発見された「新安《シナン》沖沈船」では、京都の「東福寺」の木簡（荷札）が見つかり、東福寺が注文した荷物があったということがわかる。この木簡から、新安沈没船は日本を目的地の一つとしていたことも判明し、当時の東アジアの交易の広がりや実態を解明する大きな手掛かりとなった。また、当時の船の構造を知る上でも重要な資料となっている。

エジプトのアレクサンドリア海底で見つかった女王・クレオパトラの宮殿のように、海に沈んだ古代都市遺跡からは、当時の人々の暮らしぶりや新たな史実が浮かび上がる。

コラム

水中考古学の定義と意義

「水中考古学（Underwater Archaeology）」は「海洋考古学」や「海底考古学」とも呼ばれるが、考古学の一分野である。「過去の人類活動の痕跡を、特にその遺構と遺物から実証的に考究する学問」で、以前は「考古学」イコール「陸上での考古学」だったが、水中を舞台とした新たな考古学として「海、河川、湖沼《こしょう》、池などの常時または一時的に水没した遺構・遺物を対象とする」水中考古学が誕生した。つまりは、陸上の考古学の水域版といってよい。たとえば、水没都市、村落、沈島《ちんとう》、港湾、水底祭祀《さいし》遺跡、そして沈没船などがその例である。

世界各地の海や湖に沈むそれらの遺跡を調べると、まるでタイムカプセルのように、当時の人々の暮らしぶりや新たな史実がわかる。そして沈没船は、陸の遺跡では得られない交易のメカニズムを知る情報の宝庫でもある。

水中考古学は、スキューバ式潜水技術の普及とともに、1960年代から地中海で始まり、アメリカやヨーロッパの研究機関により実践された。とりわけ、ジョージ・バス氏を団長とするペンシルベニア大学博物館調査団が、1960年にトルコのゲリドニア岬で行った、紀元前1200年頃の古代難破船の発掘は、水中考古学への道を開くパイオニア的役割を果たし、輝かしい成果をおさめた。このゲリドニア沈船の調査によって、地中海の航海史とその交易圏が、文献にはなかった青銅器時代までさかのぼることができると、立証されたのだ。

島国の日本では、古くから海を介して大陸の先進文化が流れ込んだ。海は国際交流の舞台であり、その主役は船であった。その好例が1970年代に韓国・新安《シナン》沖で発見された沈没船だ。大量の陶磁器や銅銭に混じって、博多の「筥崎宮《はこざきぐう》」、京都の「東福寺」などと墨書された木製の荷札が見つかったことで、中国と日本、朝鮮半島を結ぶ交易路の存在が浮かび上がった。

また、長崎県松浦市の鷹島《たかしま》海底遺跡は、元寇時の沈没船が発見された遺跡として知られる。「てつはう」や兜《かぶと》などおびただしい数の武器・武具類、船上生活に必要な道具や食器、陶磁器類など、さまざまなものが見つかっている。これらの資料は鷹島沖に集結した元寇船が台風のために沈んだ悲劇の海戦だったことを物語る世界的資料でもある。

水中は現場が保存しやすい特性があり、考古学にとって大きな可能性を秘めた現場でもある。トルコのウル・ブルン難破船やジャマイカの海底都市ポート・ロイヤルは、たとえどんなに膨大な費用をかけても陸上では決して見つからなかったにちがいない。日本の三内丸山《さんないまるやま》遺跡（青森市）がそれまでの「縄文人は狩猟のため家族中心の十数人くらいの移動生活をしており、定住生活となったのは稲作が始まった弥生人から」という定説をくつがえしたように、陸上での発掘と並行し、水底に埋もれてしまった遺構・遺物の研究が必要不可欠なものになっている。

遺跡形成の要因は必ずしも事故や災害のみでなく、水神信仰や祭祀による供物の投棄や不要になったものの破棄などの人為的水没、あるいは湖水面の上昇による湖上住居の水没など偶発的、自然的水没もある。だが、海と関わると、どうしても事故や災害はつきもので、「水中考古学＝それらの上に成り立つ学問」という一側面があることも否定できない。水中遺跡を検証するにあたっては、常に謙虚な姿勢でのぞみたいと思う。

いまや水中考古学なくして人類の歴史や文化を語ることは不可能であり、水中考古学を学ぶことで、魅惑的な海の謎を解明する入り口に立てるのだ。

北の海に眠る明治維新の遺産 開陽丸

１９７５（昭和50）年６月18日、北海道江差《えさし》町の東外防波堤は、土砂降りの雨にもかかわらず町民で埋めつくされていた。幕末の軍艦「開陽丸」の大砲が初めて引き揚げられる世紀の一瞬を見に駆けつけてきたのだ。堤防にはテントが張られ、町長をはじめ関係者も多く詰めていた。その中には、江差町教育長、石橋藤雄さんの姿もあった。引き揚げを実現させるために文化庁の支援を取り付けようと、この日まで数年間、何度も東京と江差を往復していた。

テントには水中カメラのモニターテレビが置かれ、海中のダイバーが映し出されたが、かなり見通しが悪い。やがて大砲にワイヤがかけられ、１１０年ものあいだ、海底に眠っていた砲身が水面に姿を現した。その瞬間、「ワァー」という歓声とどよめき、そして拍手がわきおこった。「明治維新の遺産を後世に伝える」と願って奔走した石橋さんも感慨深く見上げた。砲身部には、堆積物や海藻、貝殻、小石などが重なるように付着していて、歴史の重みを感じさせたという。

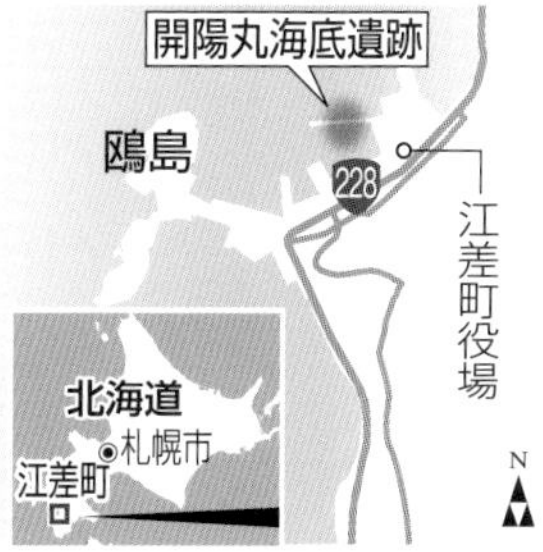

開陽丸は、徳川幕府からの発注により1866(慶応2)年にオランダで建造された。当時世界でも最新鋭の軍艦で、推進用の動力としてエンジンと帆を併用できる機帆走《きはんそう》だった。

ところが、1867年の徳川慶喜の上洛以後、倒幕の動きが急速に広まり、幕府の崩壊へと時代は流れていった。オランダに留学し着工や命名・回航にも関わり、江戸城明渡し後も新政府に対抗していた幕府海軍副総裁の榎本武揚《えのもとたけあき》らは、1868年11月、開陽丸の新政府への譲渡を拒否し、幕府軍艦8隻を率いて江戸を脱出して新天地の蝦夷地(現在の北海道)に到着。箱館戦争を起こし、新政府に対して五稜郭占領など戦果を挙げた榎本らは、さらに開陽丸で江差へ向かい、下船・上陸してここも難なく平定した。だが、1868年11月15日、天候が急変、江差沖に停泊中の開陽丸は暴風雪に遭い座礁、波間に没した。

幕府海軍に開陽丸が就航したことは新政府にとっても大きな脅威であったが、その真価を発揮することなく、日本に着いてわずか1年半ほどで海に消えることとなった。榎本は「暗夜に灯《ともしび》を失うが如《ごと》し」と嘆いたという。北の大地に別の国家を樹立せんとする悲願はこの時点で挫折したことになる。この戦いが終わったことで、新政府が国内を統一する戦争(戊辰戦争)はすべて終わり、約700年続いた武士の社会も幕を閉じたのである。

日本で本格的に水底の発掘調査が行われたのは、開陽丸が最初だ。箱館戦争後の1873(明治6)~74年には一部の武器や弾薬が引き揚げられ、第2次世界大戦中には武器生産に必要な金属が回収されたが、戦後しばらくはその存在が忘れ去られていた。しかし、石橋さんらの奔走もあり、

1974年に町教育委員会を主体とする開陽丸調査団が結成され、埼玉大学講師の荒木伸介氏の協力のもと、約15年にわたって潜水調査が行われた。海底からは大砲5門、砲弾3200発、船体の一部など約3万3千点の遺物が引き揚げられた。

1990年に復元された開陽丸の艦内では、遺物などが展示されている（開陽丸青少年センター提供）

開陽丸の遺跡は、防波堤によって港の外側と内側に分断されていた。港外側の調査は終えたが、港内側は視界不良やヘドロの堆積などで調査は難航、船体の3分の2は未調査のまま残され、完全発掘までには至っていない。

ところで、長年海水に浸かった金属や木製品は引き揚げたまま放置しておくと、たちまち腐食する。開陽丸の調査が始まるまで、わが国では未経験であった水中遺物の保存処理も試行錯誤の連続だった。

大量の遺物の保管場所にも腐心した。冬場は屋外に置いておくと、凍結してしまう。かといって、保管庫に暖房をつける金銭的余裕もない。さて、どうしたのだろうか。私は以前、石橋さんに話を聞く機会があった。この時92歳になっていた石橋さんは「苦肉の策で『雪に埋めて越冬させては』と提案した」と振り返った。塩分を取り去る効果のある水酸化ナトリウムを混ぜて雪中に埋め、「春になって掘り起こしてみたら、きれいにさびが取れていた」というから驚きだ。北海道ならではの発想だった。

引き揚げた金属塊の一つは傷みが激しく、長く用途はわからなかったが、海水を真水に変える装置であったことも、近年の調査で明らかになった。この換水装置は、銅製で長さ97センチのドラム缶状。上部と底部にそれぞれ穴があり、内部には20本のパイプが走る。オランダから日本に回航する際の航海日誌にも「24時間に3千リットルの真水を海水からつくり出すことができた」との記録が残されており、建造日誌からは蒸留式の換水方法であったことがわかる。装置は船体のエンジン付近にあり、その熱を利用して換水していたようだ。

引き揚げられた換水装置（江差町教育委員会提供）

注目を浴びたのは柳行李《やなぎごうり》だ。中にあった矢立《やたて》は二重底で、へそくりの二分金、一朱金が隠されていた。「亀吉」の木札から、乗船していた仕立職人、あるいは帆の修理工のものであることがわかった。開陽丸には、軍人のみならずこうした職人や船大工も同乗していたのである。

また、こんなエピソードもある。

現場から引き揚げた丸型の銅製品（直径23センチ）には、♡（ハート）を3個組み合わせたような模様が見つかった。徳川幕府は開陽丸の建造をオランダに発注したとき、徳川家の家紋「三葉葵《みつばあおい》」を艦首と艦尾に取り付けるよう依頼していた。どうやらオランダの製作者がハートマークと勘違いしたようだ。

開陽丸の海底調査で引き揚げられた大砲（江差町教育委員会提供）

当時、日本に海底発掘の前例はなく、欧米の例に学ぶより他に道はなかった。成果はその後、長崎県の鷹島《たかしま》海底遺跡調査などに生かされ、今日にも引き継がれている。また遺物は、軍事史や船舶史の史料としても注目を集めている。発掘調査に江差町教育委員会の学芸員として携わった藤島一巳氏は「良い点も悪い点も含め、開陽丸の調査が日本の水中考古学の一つの手本であってほしい」と話す。

町は、開陽丸を実物大で再現した体験型展示施設「開陽丸記念館」を開設し、一般に公開している。最近は歴史好きの女性の来訪者も多いという。江差追分で「かもめの鳴く音にふと目をさまし、あれが蝦夷地の山かいな」と歌われ、かつては北前船の交易地としても栄えた江差港。そこには榎本艦隊の僚船「神速丸」も沈んでいると聞く。一度は訪ねてほしい文化の薫る北の港町だ。

海戦の屍
戦艦大和の威容

２０１６（平成28）年5月10日、広島県の呉市職員ら30人を乗せた「深田サルベージ建設」（大阪市）の海洋調査船が、鹿児島の谷山港を出港した。目指すは鹿児島県枕崎沖南西約２００キロの海域に眠る戦艦「大和」だ。戦後71年のこの年、建造地の呉市が行政機関として大和の初の潜水調査に乗り出した。

戦艦「大和」の沈没海域

その大和の「いま」を探るべく、調査船は14時間かけて沈没海域に到着。翌日、海に酒を流して戦没者を慰霊した後、大和が沈む水深約３５０メートルまで無人探査機「ＲＯＶ」を降ろし、調査に着手した。東シナ海の吸い込まれるような青い海。しかし、穏やかな日は長く続かず、海況の急変で2回も枕崎港に避難せざるを得なかったという。調査期間18日間のうち、潜水調査をできたのは実質10日間だった。

スキューバダイビングで人間が水中調査できるのはせいぜい50メートルが限度だが、この調査では、無人探査機に搭載したハイビジョンカメラが海底に沈む大和の全体像を鮮明に撮影した。探査機には最新鋭のＧＰＳも内蔵され、過去の調査データから沈没位置も確定していたため、大和にたどり着くのはそう困難ではなかったという。

ケーブルが付いた探査機は母船の制御室からオペレーターによって遠隔操作され、音響測位装置によって緯度・経度を記録し、レーザー光線によって対象物の大きさや厚みを計測、さらに船体の飛散状況なども調べた。撮影した約50時間のデジタル映像には、艦首部分にある菊の紋章や船尾のスクリューもはっきりと映っており、他にも大和で使われた食器や主砲塔の一部に加え、弾を補給する「給弾室」なども確認できた。

無人探査機で撮影された戦艦大和のスクリュー（資料提供：大和ミュージアム）

大和については、１９８５年（昭和60）年と１９９９（平成11）年に民間放送局などがアナログ映像による撮影を行っているが、鮮明なデジタル撮影はこのときが初めて。１９９９年時には、有人潜水艇により伝声管などの船体部品やラッパなど遺品の一部が回収されたが、２０１６年のときは遺品や船体部品は引き揚げない方針で行われた。

大和は、広島県の旧呉海軍工廠《こうしょう》で４年の歳月をかけて建造され、１９４１年12月に就役した。日本海軍はこの戦艦を世界最強無比の軍艦とするために技術陣の総力を結集し

艦首部分にある菊の紋章もはっきりと確認できた（資料提供：大和ミュージアム）

た。全長は２６３メートル。これまでに例のない全長30メートルの巨大な46センチ主砲９門を備え、１発で戦艦１隻を沈める威力があるとされていた。船体抵抗を減らし、速度を高める効果があるバルバスバウ（球状艦首）を採用するなどの独自の工夫も施された。しかし実際に太平洋戦争が始まってみれば、海戦の主力は既に航空機にとって代わられ、軍部は、せっかくの「最強戦艦」の使い道に苦慮していた。その大和も、太平洋戦争末期の１９４５年４月、特攻作戦で沖縄に進撃の途中、米軍航空機３００機以上による波状攻撃を受け、魚雷10本、爆弾13発の命中にくわえて、多数の至近弾を被り、鹿児島県沖の東シナ海に沈没してしまう。巨大な火の玉と煙を噴き上げた大和。それが最期であり、悲劇の結末だった。乗員約３３００人のうち生存者はわずか２７６人とされる。「最強の不沈戦艦」を沈めたのは航空機であり、この事実はまさに戦艦時代の終焉《しゅうえん》を意味するものだった。

米軍の攻撃を受けて転覆、爆発した大和は、艦首部と艦央・艦尾部に分かれて沈んでいる。これまでに艦央・艦尾部には火薬庫の爆発でできたとみられる大きな穴が確認されていたが、このときの調査で被害状況は従来考えられていたより大きいことも判明した。例えば、船体はこれまで二つに分かれて沈んでいるといわれていたが、現状では三つに分かれていたこと。また、缶（ボイラー）室、注排水装置、電波探信儀のアンテナの発見によって、部位や装備品がより広範囲に飛散していると推定されること。そして、大和の各部位の損壊が著しいため、まだ部位の特定に至っていないものもあることなどが挙げられる。

当時の沈没時の状況を大和の副電測士として乗り組んだ吉田満少尉は、このように証言している。『『大和』あなや覆らんとして赤腹をあらはし、水中に突っ込むと見るや忽ち《たちま》一大閃光を噴き、火の巨柱を暗天まで深く突き上げ装甲、装備、砲塔、砲身、――全艦の細片ことごとく舞ひ散る」（吉田満著『戦艦大和の最期』創元社）

事前に設定された調査区域は東西450メートル、南北400メートルだったが、調査船に乗り込んだ「呉市海事歴史科学館」（大和ミュージアム）の道岡尚生《みちおかひさお》学芸員は「海底では破壊された大和の船体が広範囲にわたって散乱しており、巨大な船だったことを改めて実感した」と感慨深げに語る。呉市産業部の笠井康弘副部長も「限られた時間の中で無事撮影を終えることができた」とほっとした様子で、「設計図通りに造られているかどうかも、今後はっきりするのでは」と期待する。

その後の調べで、バルバスバウは設計当時の状態とほぼ同じであったこと、艦首部の菊の紋章の大きさは100センチと海軍の規格120センチに満たなかったのは木製のため水圧の影響を受けて小さくなったと思われること、舷側や砲塔に用いられたVH甲鈑《こうはん》（直撃防御用の装甲鈑）も図面や資料に記載のとおり厚さ41センチであったこと、砲身は海底に埋まり確認できなかったが、船底が赤茶色に塗装されていることなども当初の設計通りであることが確認された。

とはいえ、極秘に建造された大和は、当時国民に存在さえ知らされず、現在も構造など解明されていない部分が多く、また、設計図のすべてが残っているわけではないと聞く。

呉市によると、調査費用約8000万円のうち6400万円は国の地方創生の交付金が充てられた。市は2016年6月、撮影した約50時間のデジタル映像と写真約7千枚の一部を報道機関に公表。翌7月からは大和ミュージアムで一般公開を始め、館内の「大和シアター」には最新の映像を見ようと連日、多くの人が訪れている。大和は呉市のシンボル的存在だけに、市は今後も映像の解析を進める方針だ。

探索技術が進んだ今日、フィリピン沖で2015年に発見された「武蔵」と同様、深海調査には水中ロボットが有効であることが示された。今後、それらの先端機器を十分に活用すれば、大和の詳細な3次元（3D）海底地図の作成や遺物の一部を引き揚げることも可能だ。水中考古学は、より深い海域へと世界を広げていく。

2017年9月、呉市潜水調査記念シンポジウム「海底の戦艦大和」が同市で開かれ、私も基調講演「水中考古学の視点から、潜水調査映像を見る」の講師として招かれた。ボロボロになって海底に無残に散らばる大和の映像を改めて目にした時、胸が詰まって言葉が出なくなった。今後も、日本敗戦を象徴する遺物の一つとして海中に眠り続けるのだろう。

コラム

欠かせない装置—海底探査機器

生身の人間による潜水では限られた範囲の調査しか行えない。そのため、人間に代わり水中の様子を撮影、記録する探査技術や、水中で作業を行う水中ロボットなどが水中遺跡の調査に利用され、人間が潜れない大深度の場所でも水中遺跡の探査や調査が行えるようになってきた。多くは、第2次世界大戦中に敵の潜水艦や機雷を探すために開発されたもので、今日ではその性能はすこぶる高められている。これらハイテク機器は、単なる軍事目的に限らず、海底油田のような地下資源の探査、漁礁や魚群探知機、海底ケーブルの敷設、海難救助のための探査などに幅広く活用されている。ここにいくつかの機器を紹介するが、いずれも万能ではないので、複合的に使うことでより効果をあげうる。

1 サイドスキャン・ソナー

［音波探査機：音波を用いて海底面を映し出す装置］

送受信機を調査船の舷側に固定するか、曳航《えいこう》して使用する。機器の両側から、斜め下に扇状に発せられた音波が海底で反射し、再び送受信機に戻ってくる時間や強度を測定し、海底面の状況を映像化する。海底の表面に横たわる沈船などを平面的に探すのには向いているが、泥や沈殿物に覆われた海底下にある物体については、確認できない。それを補うのが、サブボトム・プロファイラーだ。

2 サブボトム・プロファイラー

［表層探査機：海底面下からの反射信号を利用し堆積層や埋蔵物を探る］

海底下部の断面図を画像化できる。低周波の音波を海底に向けて照射し、底質堆積物の堆積状況や埋蔵物を探る。陸上の調査で使われる地中レーダーとほぼ同様の原理で、船の舷側に設置して使う。低周波ではあるが、物の内部を透過する力が比較的大きいため、海底面の下に何があるのかを検知することができる。

3 マルチビーム・ソナー

［音響測深機：複数の音波を使用し海底地形図を作成する］

海底地形測量に最も利用される機器である。サイドスキャン・ソナーが2次元画像であるのに対し、3次元の立体画像を得ることができる。海底面の鳥瞰《ちょうかん》図や地形をモデル化することも可能である。複数（マルチ）の音響ビームを用いて、多点の測深を行うことができる。サイドスキャン・ソナーと同じく、海底面の下に埋もれた構造物は音波が貫通しないため見ることはできない。

4 水中ロボット

〔無人探査機ROV／自律型無人探査機AUV〕

水中ロボットは人間が遠隔操作するロボットと自律的に動くロボットに大別される。遠隔操作型水中ロボットは、カメラなどを取り付けた無人探査機で一般にROV（あるいは水中ドローン）とも呼ばれる。母船からケーブルで繫がれており、モニターを見ながら遠隔操作を行う。ケーブルによる高速通信を介して、リアルタイムで水中の様子を撮影できる。潜水せずに船上での作業が可能であり、ダイバーによる潜水調査が困難な環境で用いられることが多い。アームを装備し、調査のほか、遺物の引き揚げなどさまざまな用途に使用できる。2022年4月の北海道・知床半島沖の観光船沈没事故の行方不明者捜索では、この手の無人探査機

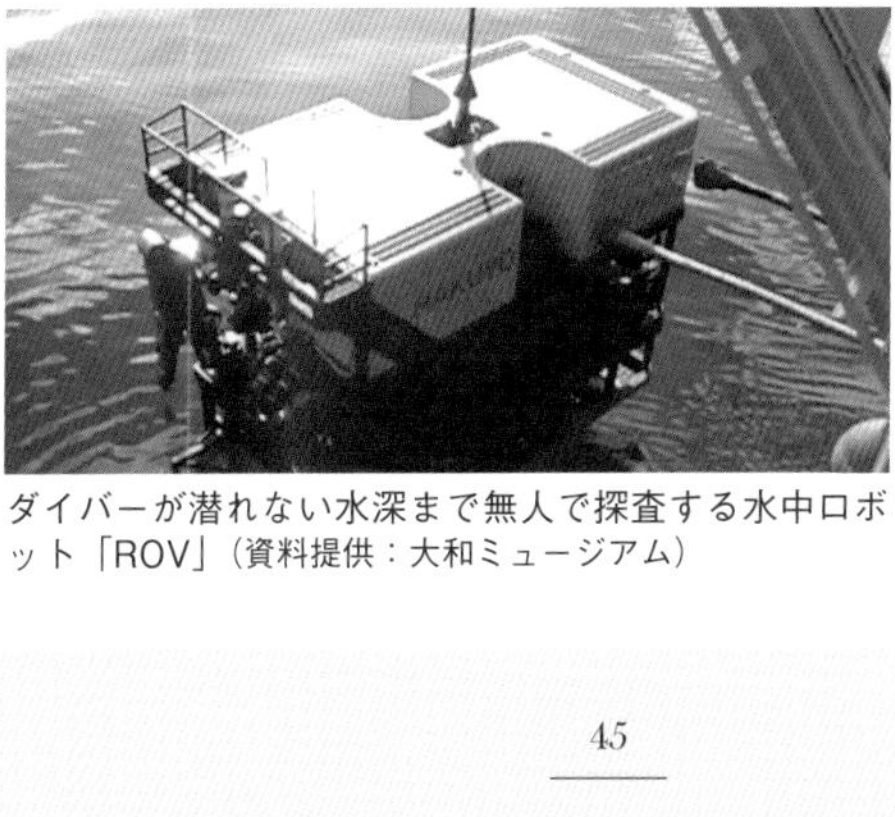

ダイバーが潜れない水深まで無人で探査する水中ロボット「ROV」（資料提供：大和ミュージアム）

が使われている。

自律型（自航式）無人探査機AUVは、動力源と頭脳ロボットを内蔵した水中ロボットだが、ケーブルや遠隔操作の束縛がないため、より自由に長時間潜航することができる。だが、多様な運動性能に対応して推進・制御装置を多く搭載するため、船体が大型化し建造コストや維持費がかさむ。

5 磁気探査機

〔鉄製品などを探知する機器〕／金属探知機

海底面や海底に埋まっているものの磁気を検知する機器で、主に鉄製品（大砲、錨《いかり》、鉄釘《くぎ》など）だけでなく、多量の陶磁器の堆積などにも反応する。鉄を用いた近現代の沈没船の探査には最も効果的であるが、残念ながら木造船には反応しない。木造船ならば、古くからフナクイムシ予防のため、銅板や鉛板で船底を覆っているので、金属探知機がよい。また、双方を併用すれば、鉄か非鉄金属かの判定もできる。最近のものは驚くほど高性能で、感知した対象物の大きさや、それがどのくらいの深さに埋もれているかまで知ることができるようになった。

世界最大の海難事故
元寇船の長い眠り

鎌倉時代中期、日本を国家存亡の危機に陥れる事件があった。元（蒙古、旧モンゴル帝国）が2度にわたり、九州北部に攻め入った元寇《げんこう》だ。来襲時に多数の軍船が台風に巻き込まれて沈んだとされ、研究者らが長年、調査・探索に挑んできた。その成果が実ったのは2011（平成23）年。長崎県松浦市の鷹島《たかしま》沖合の海底で、泥に埋もれた1隻の元寇船が見つかったのだ。船体の背骨にあたる竜骨（船の背骨にあたる材。キールとも呼ぶ）や、その両側に沿う外板材は当時の姿のままで、船体構造の核心部分に迫る貴重な資料となった。このように良好な状態で元寇船が発見されたのは初めて。「730年前の海難を証明する沈没船の発見。興奮を抑えきれませんでした」。松浦市教育委員会の文化財課長だった中田敦之さんは、世紀の大発見に沸いた当時をそう振り返る。

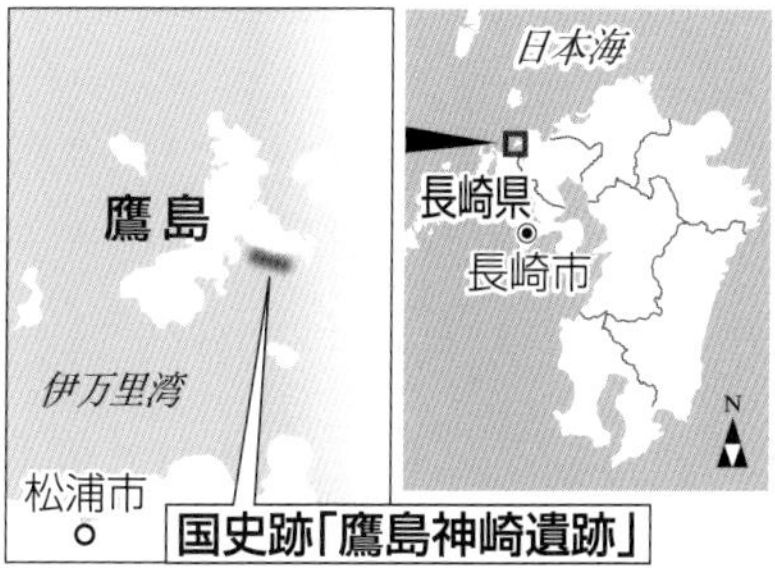

1274（文永11）年、兵士約3万人と艦船約900隻からなる元軍は、対馬《つしま》や壱岐《いき》を攻めた後、

博多に上陸した。幕府は、九州地方に所領をもつ御家人を総動員して、これを迎え撃ったが、元軍の集団戦やすぐれた兵器に対し、一騎打ち戦を主とする日本軍は苦戦した。しかし元軍の損害も大きく、内部の対立や夜来の大風に見舞われたこともあって退却を余儀なくされた。

再度の襲来があるとふんだ幕府は、博多湾岸など九州北部の警護を強化するとともに、博多湾沿いに石築地《いしついじ》（元寇防塁）を築いて備えた。

果たして、南宋を滅ぼして中国大陸を平定した元の皇帝フビライ汗《ハン》は、大艦隊を結集し再び日本征服を目指し攻めてきた。今度の軍勢は兵士約14万人、艦船４４００隻。伊万里湾口に位置する鷹島海域に兵船を集結させ、そこから大宰府に向かうコースを選んだ。伊万里湾は元の兵船でぎっしりと埋め尽くされ、島に上陸した元軍と島民たちとの壮絶な戦いが繰り広げられた。

琉球大などのチームが鷹島沖の海底で発見した「鷹島2号沈没船」（松浦市教育委員会提供）

これに対し日本武士団は、勇猛果敢にも小船に乗って敵船に攻撃をしかけ、敵船に乗り移ると抜刀して斬り込んだ。敵元軍は、多数の船を横につないで船筏《ふないかだ》をつくって防御した。日本船が近づくと、石弓（投石器）で石を雨あられと投げて対抗し、日本軍の多くの小舟を打ち破った。ところが、7月30日夜から翌日にかけて伊万里地方を猛烈な台風が襲った。この台風で逃げ場を失った元軍船のことごとくが壊滅し、海の藻屑となった。これが歴史に名高い「弘安の役」と「神風」である。

元寇最後の激戦地・鷹島の南岸沖合は船団が沈没した海域として古くから知られ、地元の漁師らによって壺《つぼ》や刀剣など元軍ゆかりの品が引き揚げられてきた。だが、鎌倉時代の絵巻物「蒙古襲来絵詞《えことば》」に残された元寇船の全貌を明かすような発見はなかった。

鷹島周辺で本格的な水中考古学の調査・研究がスタートしたのは1980（昭和55）年。その10年後の7月、私は初めて鷹島の水中調査に参加した。考古学者の西谷正・九州大名誉教授や水中考古学者の荒木伸介先生の引き立てだった。当時、私は米テキサスA&M大学大学院に在学中で、元寇船の研究を卒業論文のテーマにしており、その下調べのため一時帰国していたのだ。

ゆったりと、のどかな表情をみせる伊万里湾は、夏の陽光を受け、水面は輝いていた。テキサスの大地の乾ききった灼熱《しゃくねつ》地獄からすると、潮の香りが実にいい。群れ飛ぶかもめや船だまりに係留された漁船群の風景に心がなごんだ。水中考古学を学ぶこともまた、人生の旅路であるように思えてならなかった。

私はウエットスーツに身を包み、ボンベを背負って漁船の船べりから勇ましく海に飛び込んだ。ところが、それまで潜ってきた地中海やカリブ海、エーゲ海といった透明度の高い世界の海とは様相が異なり、黒くて暗い鷹島の海に不安や恐怖が募った。

当時はまだ軍船の痕跡がある海域がよくわかっていなかったため、ソナー（水中音波探査機）と磁気探査を併用させた機器を用いて深度や地層を測定した。そのとき、私の胸にひとつの思いがともった。

「この広い伊万里湾のどこかに元寇船は必ず眠っている。必ず見つかるはずだ」

鷹島周辺ではその後も、学術調査や港湾整備に伴う調査などが行われ、木製の大碇《おおいかり》や船体材、帆柱の台座などが見つかり、元寇船の特徴や構造などが少しずつ明らかになっていった。中国宋・元代の外洋航海船の特徴は、船底中央に竜骨を据え、船体をいくつかの横隔壁で仕切り、これに外板材を釘で打ち付けて建造する。船体をいくつかの横隔壁で複数に分ける方法は、船の横方向に対する強さを増し、衝突などによって船体の一部が破損しても他の隔壁内に浸水しないという大きな安全性がある。そして2、3本の帆柱を有し、船首には木碇（木材と石材を組み合わせた混合碇）と巻揚機が装備され、舵《かじ》を船尾中央に固定する船尾舵を用いた。このような構造的特徴は、当時、フビライに仕えたイタリア人旅行家のマルコ・ポーロの『東方見聞録』にも詳しく書かれている。

２００１年には、鎌倉時代の絵巻物「蒙古襲来絵詞」に登場する炸裂弾《さくれつ》「てつはう」も出土した。直径約15センチのほぼ球形で、破裂時の轟音《ごうおん》と火煙で鎌倉武士を驚愕《きょうがく》させた当時の最新鋭兵器だ。内部には鉄くずが詰まったものもあり、殺傷能力の高い散弾式武器と判明。海揚がりの炸裂弾によって史実が裏付けられた。

そして２０１１年10月、30年以上にわたって行われてきた調査が実る。琉球大学のチームが、鷹島南岸の沖合200メートル、深さ約23メートルの海底面を1メートルほど掘り下げた位置で、ほぼ原形をとどめた元寇船を発見したのだ。「鷹島1号沈没船」と名付けられ、全長27メートル前後の大型船と想定された。

発掘作業には多大な労苦が伴った。潮の流れが穏やかな伊万里湾の海底は、シルト（軟泥）層に覆われている。この海域では年間1ミリ弱ずつ泥が積もるため、約700年前に沈んだ元寇船の上には70センチ以上のシルトが堆積していた。ダイバーたちはエアリフトと呼ばれるポンプで少しずつ泥を吸い上げながら発掘作業を行った。私自身も経験があるのでよくわかるが、大変厳しい作業だ。しかも、ダイバーが潜水できる時間は限られる。例えば水深20メートルの作業なら1回の潜水時間はせいぜい30分程度であり、しかも1日2回が限度。加えて、鷹島沖は海底が暗く視界が悪い場所が多いうえに、エアリフトを使うと水の濁りが増し、作業効率がきわめて悪くなる。私は元寇船発掘のニュースを知り、かつて現場の海に潜った際の感慨が蘇り、「ぜひとも自分の目で元寇船を見てみたい」と強く願った。

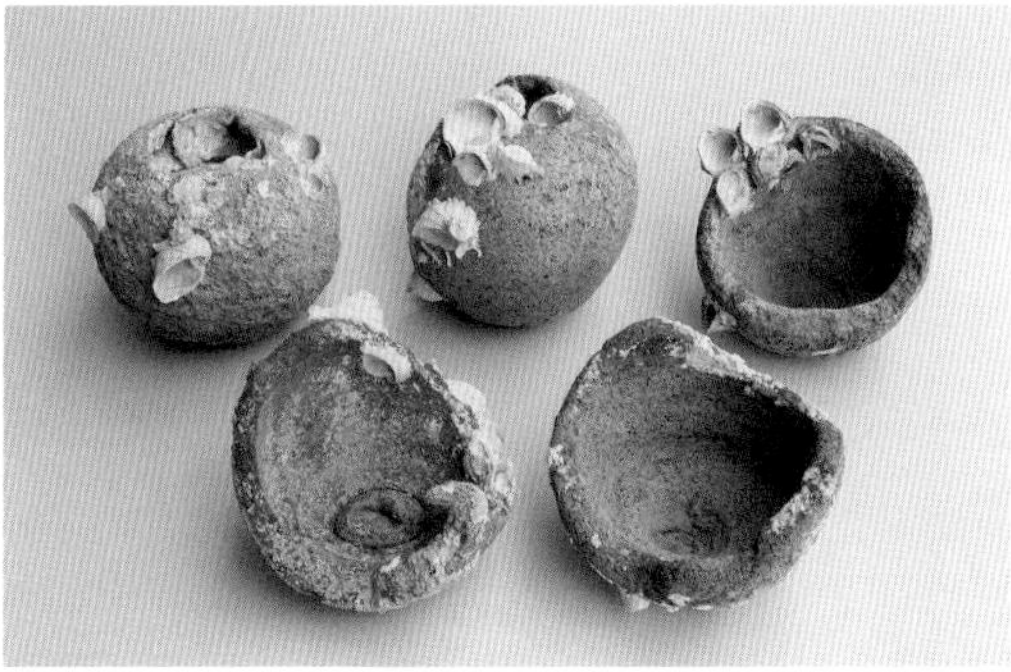
2001年の調査で見つかった炸裂弾「てつはう」（松浦市教育委員会提供）

にわかに脚光を浴びた鷹島は翌2012年、南岸沖合の海域

精巧なつくりの青玉製雌雄鹿像。石製品の出土も多いという（松浦市教育委員会提供）

38万平方メートル余が「鷹島神崎《こうざき》遺跡」として水中遺跡では初の国史跡に指定された。さらに２０１４年には、同遺跡の東約２００メートル、深さ約14メートルの海底から2隻目となる「鷹島2号沈没船」が見つかった。船体の引き揚げを期待する声もあるが、当面は現場で保存されるという。水中の遺跡も保存処理や維持にはお金がかかる。従って、発掘せずに積極的に原位置で保存する方法をとることもある。その際は、遺跡を砂で覆ったり、囲いをつくるなどさまざまな方法で安定した状態を保つ工夫が施されている。

この世紀の大発見の周知に力を入れる松浦市は、ＡＲ（拡張現実）やＣＧを使って元寇時の疑似体験や乗船体験ができるスマートフォン用アプリ「ＡＲ蒙古襲来～甦《よみがえ》る元寇船」を開発した。中田課長は「今後も新たな発見は続くはずで、多くの人に興味をもってもらいたい。鷹島が日本の水中考古学調査の拠点になってほしい」と話した。

「世界最大の海難事故」を引き起こした元寇。その実態解明につながる2隻の発見は、鷹島海底遺跡の存在を世界的に認知させることになった。船舶史、軍事史、科学技術史を知る上でも宝の山であり、今後の検証によってアジア史や世界史の研究にも大きく寄与するだろう。

日本の夜明け 海を渡った咸臨丸のいま

幕末の１８６０（万延元）年、軍艦奉行の木村摂津守《せっつのかみ》や艦長の勝海舟、福沢諭吉、ジョン万次郎らを乗せ、日本から米国へと航海した蒸気軍艦「咸臨《かんりん》丸」。日本人による操縦で初めて太平洋を渡った船として、その名を歴史にとどめる。その後、戊辰戦争中に新政府軍に拿捕《だほ》され、北海道の函館湾に面する木古内《きこない》町のサラキ岬沖で暴風雨により沈んだとされる。東京海洋大学とＮＰＯ法人「アジア水中考古学研究所」などの調査チームは咸臨丸を建造したオランダの文化庁や同町の協力で２０１８（平成30）年から船体を探す潜水調査などを行っている。

２０１８年は、２００７年前後に木造船体を海底で視認したという地元潜水漁師の目撃情報に基づき、サラキ岬沖約５００メートルの水深10～12メートルの傾斜面を調査した。目視や、ポールで海底を突く作業で、おおよその沈没地区（船体の遺存地区）はわかってきた。突き棒作業は、海底に金属の突き棒を貫入し、堆積物の種別と範囲を確かめながら遺物や遺構が存在する可能性を探る

ことができる。その付近では、これまでに鉄製の錨《いかり》が発見されている。だが、海底は川からの土砂の流入と堆積で様変わりしており、可能性の高い一角はアマモ（海草）が繁茂する海域であることなどから、海底の変化が著しく、目視による確認は難しい状況で船体発見には至らなかった。

遺構が海底の砂泥下に埋没している可能性があり、２０１９年は、東京海洋大学、オランダ文化庁、咸臨丸乗組員の子孫や研究者らでつくる咸臨丸子孫の会、海洋調査会社のウインディーネットワークなどが共同で、再度の潜水調査に加え、海底面下の地層を探るサブボトム・プロファイラーやソナーなどの機器を使って、前回の調査海域を調べた。

咸臨丸難航図（横浜開港資料館所蔵）

終了後のデータ分析の結果、船体が存在する可能性のある地点の視認のためには、さらなる潜水調査の必要が出てきている。また、２０１１年の東日本大震災の地震と津波の影響でサラキ岬沖の海底環境はかなりの地質学的変化をもたらしていることがわかった。

咸臨丸は１８５７年にオランダのキンデルダイク造船所で完成、江戸幕府により購入された。太平洋横断成功後の航跡についてはあまり知られていない。１８６２（文久２）年には小笠原諸島の探検に従事し、戊辰戦争の際には蒸気機関を除去した輸送用帆船として使用され、明治維新後には北海道開拓使に移管された。そして、1871（明治4）年に北海道への開拓移民を乗せて箱館（函館）から小樽へ向かう途中に、難所として知られていたサラキ岬沖で岩礁に衝突、沈没した。調査団長の東京海洋大学大学院・岩淵聡文《あきふみ》教授によると、これまでは、荒天による沈没説が有力であったが、沈没時の犠牲者が1人だけであったことから、雇われの米国人船長と一等航海士の操船ミスが取りざたされている、という。

また、1984（昭和59）年にサラキ岬沖から引き揚げられ、現在、木古内町郷土資料館に展示されている前述の鉄製の錨は、一般には咸臨丸の錨と信じられているが、咸臨丸のものではない可能性が高くなった。「この錨については、すでに以前の日本海事史学会会員らによる鉄の分析などで、オランダ製ではないことがほぼ確かめられている。改めて今回、オランダ文化庁の担当者が調査したところ、咸臨丸が日本回航時に装備していた錨はすべて、オランダのライデンの製鉄所でつくられたものものという事実が再確認された。現在、木古内町に展示してある上記の錨は、少なくとも、ライデンの製鉄所でつくられたものではなかった」と岩淵教授は話す。ただ、錨は消耗品で、例えば、咸臨丸が渡航先のサンフランシスコで英国製の錨を入手して、それを積んでいたという可能性は残っている。他方、咸臨丸が沈む津軽海峡は海の難所で、鉄製の錨は他にも沈んでおり、直ちにそれらを咸臨丸と結びつけるのも無理があるようだ。確実にいえるのは、木古内町に保管されている錨は、咸臨丸がオリジナルで積んでいたオランダ製の錨ではないということだ。

太平洋横断を中心とした咸臨丸の業績が広く知らしめられたのは、太平洋戦争後のことで、その

海草が繁茂する海底での潜水作業（東京海洋大学岩淵聡文海洋人類学研究室提供）

一つが、１９６０年に発行された記念切手の図柄への咸臨丸の採用だ。全長48・8メートル、排水量６２０トンの咸臨丸は、典型的なバーク型（最後尾のマストのみ縦帆で、他のマストは横帆の帆船）、3本マストの美しい洋式スクリュー蒸気帆船であった。

サンフランシスコに上陸した勝は、いままで書物や伝聞だけで摂取していた海外の文化を目の当たりにし、驚愕した。社会制度すべてが日本とは異質のものであった。当時の日本とは異なった自由な身分制度に感心し、レディファーストの習慣にも驚いた。米国社会を実際に見聞したことは、勝のその後に多大な影響を及ぼす。西郷隆盛に「知略の人」と評され江戸城無血開城に尽力したことで知られる勝も、航海中は極度の船酔いに苦しみ、通詞役のジョン万次郎から度々の見舞いを受けている。福沢もそんな勝を見て「使い物にならなかった」と後に書いている。

ペリーの来航で黒船に驚いてから7年。咸臨丸は日本人が自力で太平洋を横断した最初の船となった。２００年余りの鎖国の後、日米修好通商条約批准書交換のため日の丸を掲げ米国へ派遣されたこの歴史的蒸気帆走軍艦の探索に、破船から１５０年以上がたったいま、世間の注目が集まっている。

三葉葵の鬼瓦を積んだ伝承の廻船

静岡県熱海市の初島沖、深さ約20メートルの海底には、徳川家の三葉《みつば》葵《あおい》紋入りの鬼瓦を積んだ廻船《かいせん》が静かに眠っている。廻船とは沿岸航路で旅客や貨物を運んで回る船のことで、この廻船は江戸時代初期の約３００年前に沈んだとみられている。２０１１（平成23）年からこの船を調査しているＮＰＯ法人「アジア水中考古学研究所」（福岡市）の林原利明理事によると、「三葉葵紋と丁寧なつくりから、大坂（大阪）でつくられた江戸城修築用の瓦の可能性が高い」という。天守閣を焼失した明暦の大火（１６５７年）か、元禄地震（１７０３年）に伴うもののようだ。鬼瓦とともに海底で見つかったすり鉢も器形・成形の特徴から17世紀半ば～18世紀前半の丹波（兵庫県東部）産とみられ、時代的にもずれはない。

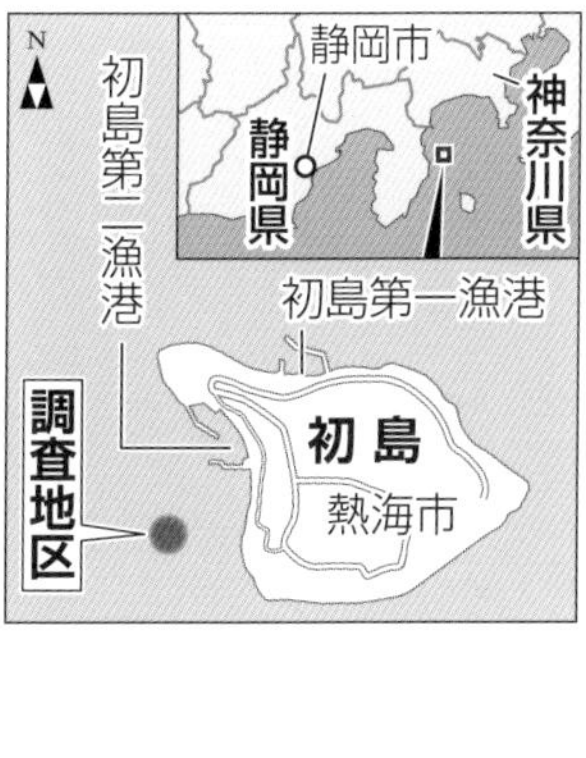

初島は、静岡県東端、伊豆半島東方沖の相模湾に浮かぶ周囲約４キロの有人島。廻船がある遺跡は、初島西岸の第二漁港から南東に約４５０メートル離れた海底に位置する。ダイビングポイント

遺物集積地区全景（NPO法人アジア水中考古学研究所提供）

にも近い。

　この遺跡は、昭和50年代に海底送水管を敷設する際にその存在が確認されたのだ。が、以前からこの付近では、漁網に瓦や砥石《といし》がかかることや潜水漁時の目撃情報などに加え、約３００年前に時化《しけ》で廻船が沈んだという伝承も残されており、地元では古くからその存在が知られていたようだ。これまでにも何点かの瓦が引き揚げられているが、「瓦の周りに夜な夜な侍の幽霊がでる」との噂もあり、地元漁民に恐れられてきた海域でもある。

　海底には、整然と2、３段に重なった大量の屋根瓦が一塊となって小山のように集積している。おびただしい数の平瓦と軒丸《のきまる》瓦があり、周辺の砂地には丸瓦・軒平瓦・鬼瓦も散在し、瓦葺きの主要な瓦が揃《そろ》っている。鬼瓦にはくっきりと葵の御紋が描かれている。遺物の集積地区は南北約5メートル、東西約4・7メートルのほぼ正方形で、多量のすり鉢や砥石も確認された。だが、周辺での遺物の散布は少なくとも30メートル四方におよぶ。この瓦・すり鉢群の下には、全長は不明だが、砂に埋まった幅20センチ前後、長さ１・５メートル以上の船体の板が数枚、東西方向を向いて横たわる。きれいに積まれた瓦の状態から、この船は途中何らかの原因で積み荷ごと沈んだものと思われる。

船は当時、江戸と大坂を往来した大型の廻船で、とりわけ積み荷の瓦は江戸幕府がオーダーしたものと考えられる。近世の船が、こういう形で水中からでてきた例はこれまでになく、積み荷はほぼ水没時の状態を保っているとみられることから、江戸時代の海運・流通をいまに伝える価値の高い海底遺跡といえよう。

その後、アジア水中考古学研究所と東京海洋大学は共同で、2013年3月にはキヤノン財団、そして2015年からは朝日新聞文化財団の助成のもとマルチビーム・ソナーによる海底地形図の作成や水中ロボットを使ったより精度の高い遺跡図の作成などを行ってきた。作業時間に限りがあるなか、これまでは水中に潜ったダイバーが手書きで図面をつくっていたが、ロボットを使うことで大幅に省力化できることが確認された。

私はその昔、趣味のヨットが三度の飯より好きだった頃、神奈川県の三浦半島にある佐島マリーナから静岡県の伊豆半島にある川奈、稲取、下田へのクルージングの際には、必ず相模湾を横切っては初島を横手に見ながら航海したことを思い出す。そこはいまも昔も変わらない船の航路であったのだろう。

2020年以降はコロナ禍の問題もあり、継続した調査は行えなかったが、調査に携わる東京海洋大学大学院の岩淵聡文《あきふみ》教授は、今後の予定や調査方針について、次のようにコメントしている。

「元禄期の弁財船の遺構としては日本唯一のものであり、国連教育科学文化機関（ユネスコ）とも

中心飾りに三つ葉葵紋が描かれた鬼瓦（NPO法人アジア水中考古学研究所提供）

連携しながら保全計画を進めていきたい。一般ダイバーへの公開を視野に入れた海底ミュージアムとしての整備も検討している」

弁財船は、江戸時代に国内海運に広く使われた大型木造帆船で千石船とも呼ばれる。帆走性能がよく、少数の乗組員で運行できた。

今後の調査研究によって徳川幕府と江戸城、そして往時の産業・流通・海運史に新たな光を投げかけるものと、さらなる期待がかかる遺跡でもある。

コラム

アジア水中考古学研究所

アジア水中考古学研究所は、1986（昭和61）年に発足した「九州・沖縄水中考古学協会」を母体として2005（平成17）年に改組し、NPO法人（特定非営利活動法人）として活動する任意の学術団体である。福岡県福岡市に本部を置くが、現在では、東日本会員連絡会を東京海洋大学海洋人類学教室に設けている。

この法人は、水中考古学の発展と普及事業、機関誌発行などを主な活動内容とし、これまでに長崎県の鷹島《たかしま》海底遺跡や五島列島小値賀島《おぢかじま》沖に所在する山見《やまみ》沖海底遺跡、前方湾《まえがたわん》海底遺跡の調査を行ってきた。

とりわけ、日本財団の支援を受けて2009年から3年かけて実施した、日本の各海域や琵琶湖（滋賀県）などでの水中遺跡の分布調査や資料調査の結果をもとに全国水中遺跡地図を含む本邦初の『海の文化遺産総合調査報告書』を刊行、日本列島周辺に分布する水中遺跡を把握する際の参考となっていることは、特筆に値する。

また、その時の分布調査で得た情報をもとに、2015~2017年には本文でも紹介の静岡県熱海市初島沖で江戸元禄期の徳川幕府三葉葵《みつばあおい》の瓦を積んだ沈没船の調査を東京海洋大学と協同で実施するなどしている。

他にも、日韓や国内でのシンポジウムや展示会、海底遺跡見学会なども開催、水中考古学の推進団体として研究活動の輪を広げている。

世紀の大発見と謎 クレオパトラの宮殿

水中に眠るたくさんの古代遺跡のうち、掛け値なしの「世紀の大発見」といえば、１９９６（平成8）年にエジプトのアレクサンドリア港内の海底で見つかった古代エジプトの女王・クレオパトラの宮殿遺跡だろう。過去を振り返ってもこれに匹敵するのは、トロイアの遺跡やツタンカーメンの王墓くらいのものだから、考古学者ならずとも胸がワクワクするというものだ。

現代のアレクサンドリア東港と古代大港

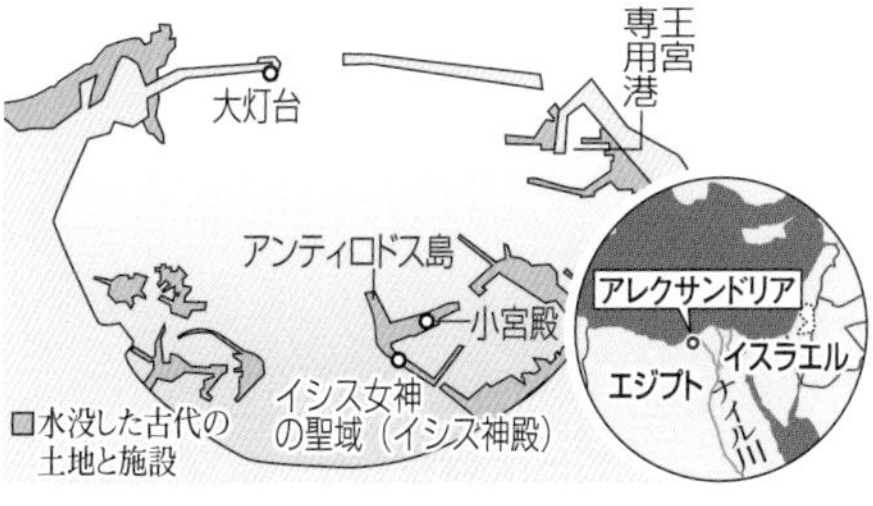

フランスの哲学者パスカルに、「もしも彼女の鼻がもう少し低かったら、世界の歴史は変わっていただろう」といわれた〝絶世の美女〟クレオパトラは、紀元前1世紀に生きた古代エジプト王朝最後の女王である。彼女は蠱惑《こわく》的で艶《あで》やかな魅力を武器に、内紛の続くエジプトに調停にやってきた古代ローマの英雄カエサルを虜《とりこ》にした妖婦として語られてきた。しかし、真実の姿はどうだったのだろう。当時の遺品はほとんどなく、これまでは彼女の実像も含め宮殿や墓、そもそも首都がど

こにあったかも歴史上の謎になっていた。

そこは想像していたようなロマンチックな「竜宮城」ではなく、30センチ先も見えないほど濁りきった〝泥沼〟だった――。

ダイバーと海底のスフィンクス（©Franck Goddio/Hilti Foundation）

2001年10月。TBS・BSiの正月特番「甦《よみがえ》る伝説の都　女王クレオパトラの海底宮殿」のため、アレキサンドリア沖の海中に潜った女優の羽田美智子さんは、後にこんな感想を漏らした。

遺跡は水深10メートルにも満たない浅い海底にあるが、運ばれた大量の土砂で濁った海中は視界が悪く、スキューバダイビング初心者の羽田さんはガイドに手をひかれながら海底遺跡を巡った。

「こんな浅いところにあるのに、なぜこれまで発見できなかったのか、わかったような気がします」

司会の森本毅郎さん、ゲストとしてスタジオに招かれた脚本家のジェームス三木さんと私の前で、羽田さんはしみじみとこう語った。それでも歴史ロマンに直接触れられたことは貴重な体験だったという。

ダイバーに「ここを触ってみろ」と促されて手を伸ばすと、砂泥の中に直径50〜60センチほどの円形の大きな石があった。さらに何かの台のような石も。それらは「円柱の台座」と、クレオパトラも祈りを捧げたであろう「聖牛の奉納台」（牛を生贄《いけにえ》として捧げる儀式に使われた）で、後に「これがクレオパトラが住んでいた宮殿の一部だ」と聞かされた。

羽田さんは番組で「２０００年前にタイムスリップして、生身のクレオパトラと触れ合えた気がしました」と感動の体験を振り返っていた。

マケドニアのアレクサンダー大王は、約２３００年前にアレクサンドリアで植民を始め、エジプト・プトレマイオス王朝の首都とした。だが、8世紀に起きた大地震で被災し、ついに水没してしまった。以来幻の都となっていた。

海底遺跡については、１９８０年代から調査が進められてきたが、アレクサンドリアが軍事基地だったことや海の透明度の低さから十分な調査ができず、そもそも探そうにも手がかりがほとんどなかった。

この困難な遺跡探索に名乗りを上げたのが、フランスの海洋考古学者フランク・ゴディオ氏率いるフランス・エジプト合同調査隊だった。クレオパトラの死後まもなくアレクサンドリアを訪れたギリシャの地理学

CG復元のクレオパトラ宮殿（画像提供:BS-TBS）

者ストラボンの著書を参考に1992年、調査を開始した。

彼らは、衛星測位システムや最新の科学技術を駆使して海底に大規模な構造物があるのを確認。1996年、4カ月間にわたる潜水調査を行った結果、プトレマイオス王朝（紀元前305年頃〜同30年）の宮殿跡や同王朝最後の女王クレオパトラの宮殿跡、彼女との恋で知られるローマの軍人アントニウスの住居跡などがアレクサンドリア東港内の水深約6メートル付近に沈んでいることを突きとめた。

やがてダイバーたちは「ここに王宮があった」というストラボンの記述を裏付ける証となる遺構を発見、アンティロドス島の南西岸では2体のスフィンクスを見つけた。ポーランド科学アカデミー（ワルシャワ）の地中海考古学研究センターのゾウルト・キス教授は、スフィンクスを綿密に調べた結果、2体のスフィンクスの顔は、プトレマイオス朝の王のものと断定。そのうちの1体は、クレオパトラの父、「プトレマイオス12世」である可能性が高いという。ほかにもクレオパトラの息子・カエサリオンの石像頭部やアントニウスの娘・小アントニアの大理石製頭部も見つかっている。カエサリオンの石像頭部は、初めは初代ローマ皇帝のアウグストゥスと考えられていた。しかし、ネメス頭巾（王の頭巾）から見える若い顔と髪形はプトレマイオス朝末期からローマ支配時代初期の特徴だ。それは大英博物館によって確認されたように、カエサルとクレオパトラの息子、カエサリオンだった。カエサリオンの像の首には人工的に切断された跡があった。悲しいことではあるが、征服者が前権力者の象徴を破壊するのは世の常なのだろう。「小アントニア像」の鑑定には、当時の他の肖像との髪型の比較が判断材料となった。

これまでに見つかった遺物は数千点。エジプト考古庁の方針で、大半は海中にそのままの状態で残されている。水中の遺跡は、場所によっては何千年も安定した状況にあり、特に砂に埋まれば無酸素状態に包まれる。海底はいわば、当時の遺構・遺物がそっくりそのままの状態で保管されている「自然のカプセル」なのである。

反面、引き揚げられた遺物はそのまま大気中に放置すると、短時間のうちに腐食が進行する。ゴディオ氏らは、地上にいる研究者たちのために、型取りの技術を駆使し、時には、原物よりも見事な型ができあがることもあった。彫像のような大きなものは、立体的な型をとるためにいったん引き揚げる必要があったが、ほとんどの型取りは、現場を可能な限りそのままの状態に保つため、水中で行われた。石に刻まれたヒエログリフなどを永久に記録に残すために、特殊なシリコンラバーを一面に塗布、翌朝の潜水時に固まったシリコンラバーの膜をはがすと碑銘の細かい部分までくっきりと映し出した型ができあがるのだ。この方法は大成功で、浸食の進んだ原物の碑銘を読みとるより、型の方が読みやすいこともしばしばだった。

一方、2001年からアレクサンドリア港内での潜水が許可され、ガイドの案内で一般の観光客も遺跡を潜水見学できるようになった。ここでは世界初の海底ミュージアムの建設計画もあり、クレオパトラ宮殿の財宝や重要遺物が展示されることになるだろう。

2009年の夏、横浜市で「海のエジプト展」が開かれた際、ゴディオ氏に面会する機会にめぐまれた。氏は初対面にもかかわらず「一度、アレクサンドリアに来てみないか？」と気さくに誘ってくれた。港内にはいまだに多くの謎が残されている。クレオパトラの墓はいまなお見つかっていない。お墓も海の中にあるのだろうか？　彼女が女王として君臨し、最後は毒蛇にわが身を噛《か》ませて自殺したといわれる歴史舞台の解明に、自分も関わりたい――。そんな思いが日々募っている。悲劇の女王がこよなく愛した都の謎が解き明かされるのは、まだまだ先のことになりそうだ。彼女に解明すべき謎があるかぎり、ゴディオ氏の探求はこれからも続くのだ。

海底にドラマを紡ぐタイタニック

何度も映画になっているタイタニックの事故だが、一番記憶に新しく（とはいえ20年以上前だが）最大のヒットとなり、世界中の人々が涙した映画「タイタニック」は、いまなお多くの人々をひきつける。映画製作者はできるだけリアルにと、生存者の証言などを手がかりに豪華客船の沈みゆく姿を再現した。だが、不沈といわれたタイタニック号が北の海に沈んでしまった経緯については、不可解な部分が多い。宇宙観測が身近になった今日でさえ、海はまだまだ未知の世界なのだ。

１９１２年４月10日夜、タイタニック号は英国のサウサンプトンを出航。フランスのシェルブールとアイルランドのクイーンズタウン経由でニューヨークへ向かっての処女航海であった。４月14日、大西洋の半ば以上を横断したところで、付近を航行する他の何隻かの船から、カナダ沖の航路上に氷山があるという警告を再三受けていたが、警戒の手配はまったくなされなかった。午後11時

タイタニック号の航海ルート

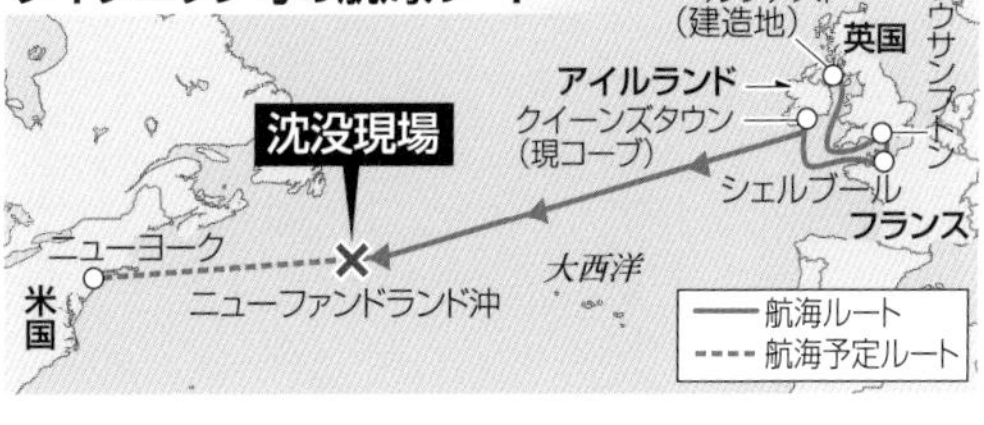

に打電された最後の警告から40分後、見張り番が前方に浮氷を発見、急ぎ警鐘を3度鳴らした。かろうじて船首は左に回り、氷山は右舷をかすめていった。船は16の水密隔壁で区画された二重底の船体で、うち4つの区画に浸水しても沈まないよう設計されていたが、その隔壁が6つも破壊されており、海水が船倉にどっと流れ込んでいた。船長のエドワード・スミスと船の設計者のトーマス・アンドリュースが大急ぎで船の検査をし始めたが、船底に巨大な割れ目ができ、最初の5つの区画は手のつけようがないほど浸水していた。船がもちこたえられないだろうことは明らかだった。

船からは信号弾が打ち上げられ、SOSの遭難信号が送り出されたが、海域内のほかの船からは応答はなかった。他船のほとんどが夜間の通信を停止していたためだ。午前0時5分、氷山との衝突後25分、優先的に女性と子どもたちを救命ボートに乗せる手配が始まった。ところが、備え付けの救命ボートをすべて合わせても、定員は乗客の半分にも満たないもので、さらに悪いことに、定員の半分しか乗っていないのに海に降ろされた救命ボートもあったという。この辺の生々しい人間模様は、映画「タイタニック」にも如実に表現されている。氷山と衝突してから約2時間40分後、不沈と思われていた豪華客船は、1500人余の乗員乗客とともに北大西洋の凍りつく海に沈んでいった。スミス船長も船と運命をともにした。

タイタニック号も、沈没以来探索の試みが何度かなされたが、ことごとく失敗に終わっている。正確な沈没地点がはっきりしていなかったことに加え、北大西洋の不順な天候、数千メートルという海底の深さがその調査を阻んできたからだった。

この悲劇の豪華客船の捜索に敢然と挑んだ人たちがいた。1985年、米ウッズホール海洋研究所のロバート・バラード博士らはフランスチームと共同で調査団を組織し、無人探査機「アルゴ」を使って海底のタイタニック号を発見。アルゴを遠隔操作するオペレーターは「難破船だ！」と勝ち誇った声をあげた。巨大な船体は真っ二つに折れ、船首は泥の中に18メートルほど埋まった状態だった。船尾はそれより600メートルも離れた場所に沈んでいた。それまでは、タイタニック号はバラバラにならずに元の形のまま沈んだとされてきた。だが「船は二つに折れてから海中に没した」と目撃者たちは述べており、実際そうだったことが船の発見で証明された。

実はこの調査は、米国海軍の秘密作戦でもあった。その作戦とは、60年代に大西洋に沈んだ2隻の原子力潜水艦の追跡調査だった。同時に、その作業位置をソ連に知られることを嫌がった軍は、「タイタニック号探査」をソ連を欺くカムフラージュに使う見返りとして、バラード博士らに12日間だけ本当の探査を許可することにした。この作戦のおかげで、探査資金や技術開発に軍の強力な支援を得ることができたのだ。

翌年、再び現場を訪れた博士らはソナーや船外ビデオカメラなどハイテク機器を搭載した潜水艇でタイタニック号に接近。艇《てい》をブリッジに着け、そこから遠隔操作の小型ロボットを船内に潜入させた。カメラは船内に残る品々を鮮明に映し出した。

船体鋼板には鉄を食べるバクテリアの浸食で「赤さび」がツララのように付着し、木部はキクイムシに食いつくされている。バクテリアは鉄を酸化させた後に廃棄物として錆粒子を残し、ねばねばした粘液を分泌する。粘液が出てくると、金属面から外へ流れ出し、死んだ細胞や酸化鉄（錆）や水酸化物を一緒に運んでいく。これが錆びツララの正体である。ツララはしだいに成長して、ついには溶けたロウソクのように自らの重みで落下する。

キクイムシは木を食べる甲殻類の等脚類に属し、船を食い尽くすのに主要な役割を演じる。長さ2〜3ミリの小さい虫だが、口に大きくて強いアゴがあって、これで木質をかじる。二枚貝の仲間であるフナクイムシは木質の内部に入るのに反し、キクイムシは木質の表面に付着してかじるのだ。海水の作用やバクテリアやキクイムシにより腐食が進む「幽霊船」のような映像に世界が息をのんだ。

1996年には、船体の一部が海底から引き揚げられた。4個の巨大な浮き袋を使い水面上に回収されたのは、重さ20トンの船体外側の鉄板部分だった。

1912年頃に撮影された「タイタニック号」（©Getty Images）

豪華客船の残骸を見にいくより、エベレストに登る方がはるかに安全なのでは——。

2003年。タイタニック号探索ツアーに参加する機会に恵まれた私の恩師、ジョージ・バス博士（米国）は、跳び上がって喜ぶと同時に、不安も感じたという。タイタニックが眠るのは約３８００メートルの深海。潜水艇にかかる水圧は1インチ四方で3トンにも及ぶ。決死の覚悟が必要だったのだ。ツアーは、ロシアの海洋探査船で現場海域まで行き、そこで潜水艇「ミール号」に乗り込み海底に潜る。艇体はチタン合金製で、深海６０００メートルの巨大水圧にも耐えうるよう設計されている。

いよいよその瞬間。博士は直径約2メートルの狭いキャビンに、ロシア人の操縦士と案内役とともに体を縮めるようにして乗り込む。後に博士は私に「まるで宇宙飛行士になったような気分だった」と感想を語ってくれた。

海底にたどり着くまで約2時間半。パイロット用ののぞき窓はとても小さく、視界は極端に制限された。途中、ミール号の灯り以外何も見えない暗闇のなか、ソナーがタイタニックの船首部の受像に成功し、やがて山のようにそびえる黒い船体が姿を現す。ブリッジには、見張台がついたマストやブロンズ製の遠隔操舵装置などがそのまま残されている。

「何より心動かされたのは、スープ皿やワインボトル、片方だけのハイヒール……。乗客たちの生活感が伝わってくる生々しい遺物の数々に言葉を失ったよ」と博士。彼はその船首の手すり付近を見ながら、映画「タイタニック」のラブ・ロマンスを思い浮かべたという。航海中に恋に落ちたジャックとローズが、船首に立っている。風に吹かれたローズの髪に顔を埋めるジャック。2人は唇を重ね抱き合う。間もなく起きる悲劇が、2人の運命を引き裂くとは知らずに――。

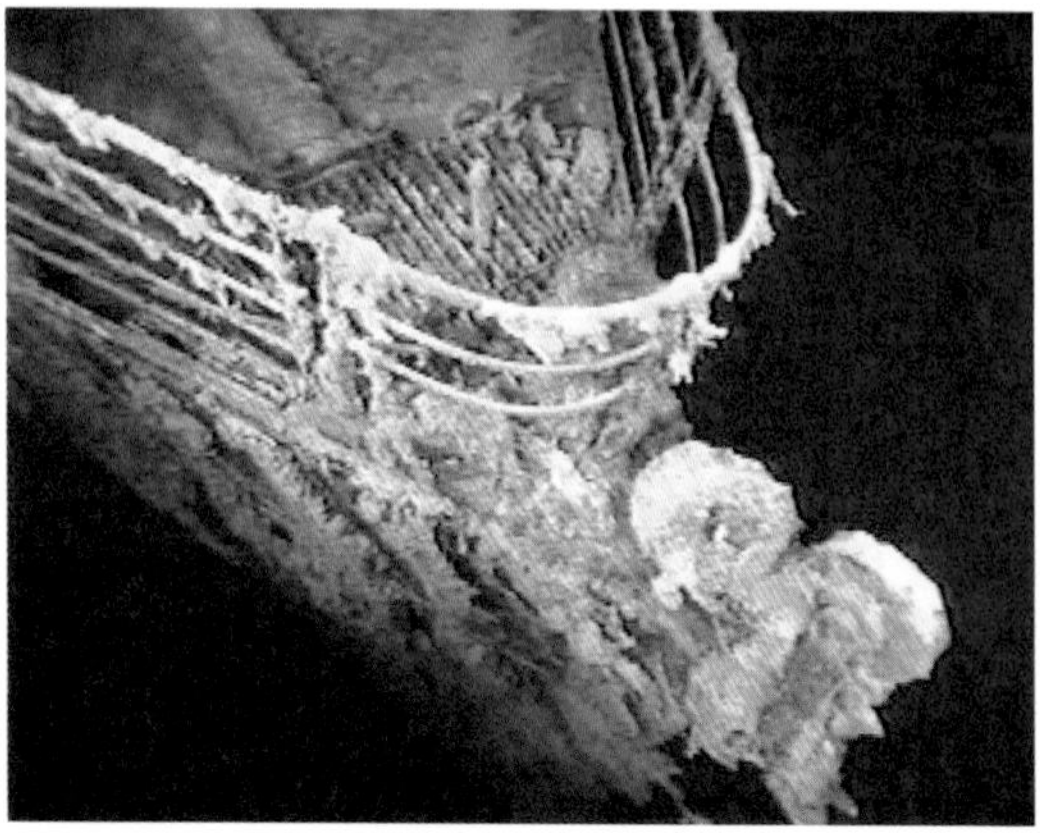

1996年8月、海底で撮影されたタイタニック号の船首（ロイター＝共同）

6時間があっという間に過ぎ、潜水艇は再び2時間半をかけて浮上。無事帰還した3人はハグを交わし合い、「ウオッカで乾杯した」という。

これまでに数千点の遺品が引き揚げられたが、まだ数え切れないほどの品々が海底に残されている。

タイタニック就航１００年の２０１２年、ウィリアム・マードック一等航海士の遺品（パイプ、イニシャル入り洗面道具入れ、航海士用ボタンなど）が沈没現場から発見された。遺品は同年、アトランタで公開されている。マードック航海士については、映画では賄賂をもらった挙句自殺した人物として描かれたが、事実は違っていたようだ。むしろ、最後の瞬間まで避難誘導して多くの乗客の命を助けた人物であったとみられている。この件に関しては、映画公開後に20世紀ＦＯＸがマードックの遺族と故郷の街へ謝罪したとメディアは伝えている。

余談になるが、この翌年には、長い間所在がわからなかった「沈没間際まで船上演奏に使われていたバイオリン」が見つかった。楽団長のウォレス・ハートリーさんが婚約者のマリアさんから贈られたもので「婚約記念に」と刻まれた銀のプレートつき。ハートリーさんの遺体はタイタニック号沈没から10日後に収容された。バイオリンを革のケースに入れ、大切そうに体に結び付けた状態で海上で発見されたという。報道によると、バイオリンは２００６年に英国人男性がアマチュア音楽家だった母親の荷物から発見。専門家による7年間の鑑定の結果、本物と断定された。マリアさんは生涯独身を貫き、１９３９年に死去。タイタニック号沈没にまつわる悲恋の物語である。

さらに、オーストラリアの富豪が「タイタニックⅡ号」の建造を発表したり、映画のリバイバル上映が連日満席になるなど、話題は豊富だ。

水中文化遺産保護条約の発効（Ｐ76参照）もあり、タイタニックが引き揚げられることは永遠にないだろう。タイタニックとともに沈んだ人たちには、静かで深い海底こそが、安息の場所なのかもしれない。

コラム

水中文化遺産保護条約

水中考古学の世界が広がるにつれ、水中文化遺産の保護も喫緊の課題であった。トレジャーハンターによる無分別な盗掘や遺跡破壊は、18世紀以降、深刻な社会問題として捉えられ、水中遺跡保護の世界的な意識の高まりを促した。だが、多くの国で法的規制がなかったために、これを防ぐ手立てがなかった。こうした事態への強い懸念から、各国は領海内にある水中文化遺産の国家への帰属と保護に乗り出し、水中遺跡に関する法律を整備するなど調査体制を整えてきた。一方、沈没船の船籍が他国の場合や所有が明確でない場合、さらには排他的経済水域や公海での場合など、水中文化遺産の保護については、国家間の協力で調整する必要があった。

2001年に採択され2009年に発効されたユネスコ（国連教育科学文化機関）の「水中文化遺産保護条約」（以下、「ユネスコ条約」）は、23の条文と「水中文化遺産保護を対象とする活動に関する規則」からなる国際条約だ。条約第1条では、「その一部又は全部が定期的又は継続的に100年間水中にあった人間の活動痕跡を水中文化遺産とする」と明確に定義している。

ユネスコ条約が採択されてから、水中遺跡をめぐる状況も大きく変わってきた。この条約では、「現地保存を第一の選択肢とする」とし、商業的利用（売買）の禁止や保護および管理における積極的な締約国の相互協力と援助などが条項に含まれている。

条約の目的は、水中遺跡の保護および管理方法の整備を国や自治体に積極的に行うことを呼びかけるものである。と同時に、その保護と調査のための国際協力体制を整えることを目的の一つに掲げている。

ユネスコ条約は2023年1月現在で72カ国が批准している。条約の採択を契機に、各国は水中文化遺産を海底鉱物資源と同じように、文化資源として重要なものと位置づけ、その保護に積極的に関わってきている。ただ、米国や英国、中国、そして日本などは、排他的経済水域での取扱いや国内現行法との兼ね合いなどを巡って折り合いがつかず、批准には至っていない。たとえば、国益に基づいて独自の海洋開発を実行しようとしても、水中文化遺産によってそれが制約を受けることになれば、同条約の批准を躊躇せざるを得なくなるからである。とはいえ、条約の理念や原理原則が、批准国だけでなく批准していない国においても浸透しつつあるのも事実だ。

サルベージを経て売却された文化遺産が日本を含めた他国の博物館や美術館に行き着くケ

ースもあり、沈没船からの引き揚げの問題は必ずしも当事国だけの問題ではない。

近年では、途上国でもトレジャーハンティングが活発化してきた。人類共通の貴重な文化遺産という価値に目を向け、国際的な保護の取り組みの進展が期待されるところだ。

日本史に名を刻む黒船 ハーマン号

1998（平成10）年8月、私は千葉県勝浦市の川津港から1キロ沖合にいた。目的は、海底の砂に埋もれている米大型蒸気外輪船「ハーマン号」を探すことだった。それまでの調べから、その海底には目指す船が沈んでいることは確実と思われた。実際、潜ってみると——。

ウエットスーツを身にまとい、タンクを背負って、小さな漁船から青黒い海に飛び込んだ。

水深は約10メートルと浅いが、代わりに深海にはない海藻のカジメがうっそうと茂り、視界をさえぎっている。藻の密林をかき分けながら、やっとの思いで海底に降り立つ。すると、先を行く「稲さん」こと海上自衛隊出身の潜水のプロ、稲野辺忠治さんが「こっちへ来い」と手招きをしている。近づいてみると、赤茶色に錆《さ》びた太い金属の棒が、海底からまっすぐ突き出すように立っていた。

「くっ、黒船だ！」

驚きと興奮で鳥肌が立った。探し求めていた船がこんなにも早く見つかるとは……。船の残骸は長さ23・5メートル、幅10メートルの範囲に横たわっている。海底には無数の金属棒に加え、大型の金属塊や船体材があることも確認できた。

赤さびた大型の金属塊（日本水中考古学調査会提供）

こう書くと、「なんだ、海底調査なんか楽勝じゃないか」と誤解を与えてしまいそうだが、何度潜っても海は怖いものだ。この現場は水深こそ浅いが、周辺海域は「関東の鬼ケ島」と呼ばれる岩礁地帯。おまけに潮の流れが速く、私も幾度か溺れかけたことがある。霧、赤潮、冷水塊、台風……と海況の変化もめまぐるしい「魔の海」なのだ。

また、海藻周辺には〝海のギャング〟ウツボが潜んでいる。鋭い歯と大きな口をもつ肉食魚で、大きいものは1メートルを超える。潜る途中、鮮やかな黄色の斑点をつけたウツボが穴から顔を出してこちらを上目遣いでニランでいるのに気づいて、慌てて水面に引き返したこともある。

この年の11月の調査時にも、ウツボは現れた。稲さんが作業している横で、岩の穴からひょっこりと顔を出している。私は狼狽《ろうばい》したが、当の稲さんは一向に気にする様子もなく平気で作業を続けている。

「こちらが悪さをしなければ大丈夫だよ」

稲さんは笑みを浮かべながら後にこう教えてくれたが、いまだに恐怖心は消えない。古くからの言い伝えでは、「ウツボは遺跡を守ってくれる」ともいう。

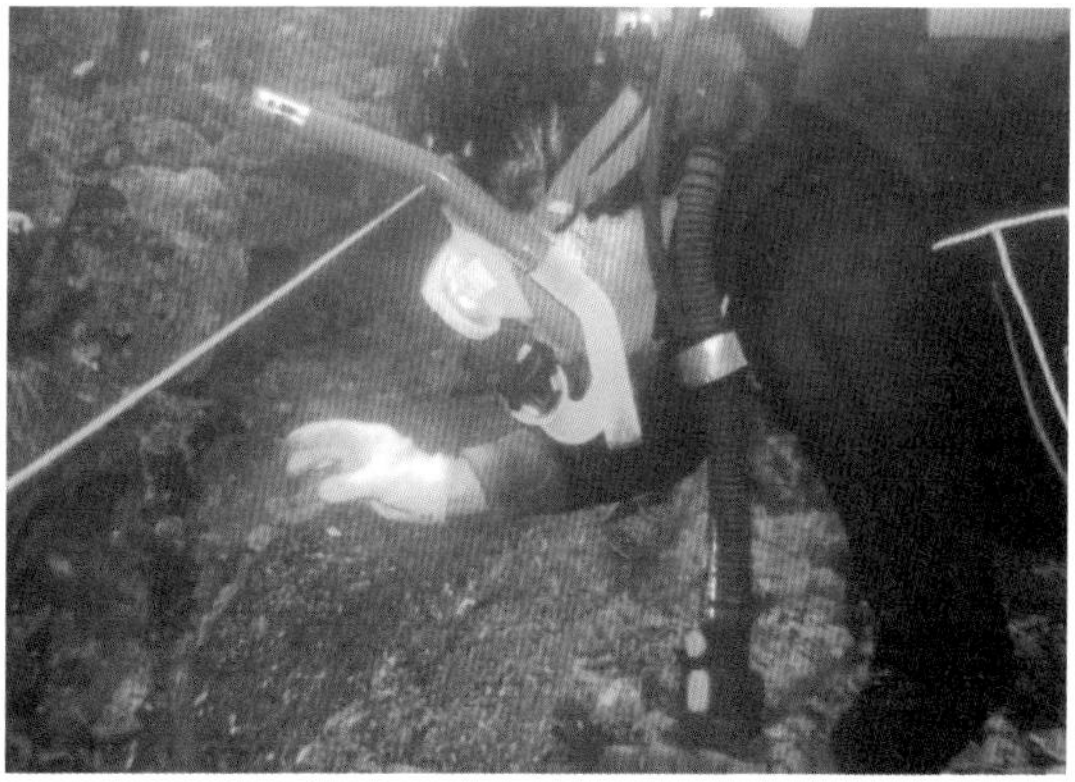
ハーマン号を調査中の筆者（日本水中考古学調査会提供）

「ヘイ、タカ！ 日本に蒸気船が沈んでいるよ」
米テキサスへ留学中、ルームメートのサムがこう言いながら、彼の愛読書『American Steamships on the Atlantic（大西洋のアメリカ蒸気船）』を見せてくれた。
蒸気船とは、幕末から明治維新期にかけ日本近海で活動した異国船「ハーマン号」。１８６９（明治2）年、箱館（函館）にこもる榎本武揚《えのもとたけあき》軍を討つべく、熊本藩士３５０人が米国人乗組員80人とともに横浜港を出港した後、房総沖で時《し》化《け》に遭い難破、犠牲者は二百数十人に及んだ。サムの一言がこの船を探すきっかけとなった。
米国から帰国した１９９２（平成4）年、同船の足跡を追った。沈没位置の手がかりは遭難当時のニューヨーク・タイムズ紙に載ったハーマン号船長の手記にあった。

「Kawazu」の地名が記されていた。
資料集めの後、糸を手繰るように地元漁協への聞き取りも行った。当初はよそ者の私を「密漁者では」と警戒していた川津漁協（現・新勝浦市漁業協同組合川津支所）の組合長も、あくまでも学問が目的であることをねばり強く説明すると、やがて心を開いてくれた。同席していた海士《あま》頭は「海底には、太い鉄棒のようなものが何本も突き出ているところがある」と教えてくれた。そこが、まさに沈没場所に相違なかった。

勝浦津慶寺境内にあるハーマン号のものと思われる揚錨機（日本水中考古学調査会提供）

沈没船を確認するための最初の潜水調査資金は、筑波大学の研究費と私費を合わせた１００万円。潜水会社オーナーの稲さんは不十分な謝礼にもかかわらず、「どうしてもハーマン号を探したい」と訴える私の情熱にほだされ、協力してくれた。

戊辰戦争の折、榎本武揚率いる旧幕府軍は、箱館五稜郭に拠《よ》り最後の抵抗を試みた。時の新政府は榎本鎮圧を東北各藩に命じ、これを受けた弘前藩主津軽承昭《つぐあきら》も「官軍」の名のもとに出兵するが苦戦する。事態を憂慮した実兄である熊本藩主細川韶邦《よしくに》は、援軍を箱館へ派遣することにした。そこで熊本藩は急遽《きゅうきょ》、横浜で米国の蒸気船ハーマン号を雇い、これに熊本藩兵を乗せ出航した。

ハーマン号遭難の様子が描かれた絵巻（里美裕子氏所蔵、千葉県勝浦市保管）

船の残骸上に、機関部らしき赤錆びた金属塊が多数露出していることから、見えている部分は船底機関室のようだ。一帯からは大型の船釘、船底に張る真鍮《しんちゅう》板、熊本藩兵の持ち物とみられる土《ど》瓶《びん》やそば猪口《ちょこ》、米国人乗組員が使ったであろう19世紀半ばの洋食器類やワインボトルなども見つかっている。

近年、この海難事故を伝える絵巻物（絵詞《えことば》）が、生還した熊本藩士の子孫宅で見つかった。高波の海に投げ出される藩兵や壊れる船、救助の様子などが描かれた第一級の史料だ。絵巻物は幅42センチ、長さ約6メートル。6枚の絵に文が添えられている。座礁後の様子や甲板で慌てる人々、信号弾の打ち上げのほか、外輪やマストを残して粉々に大破するハーマン号も克明に描かれており、甲板などの上部構造のほとんどが失われていることがわかる。私たちの調査でも、船全体が残されているわけではなく、上述のとおり船の下半身、船底部付近である。

絵巻物は所有者からの依頼で現在勝浦市が保管しており、2021年3月に千葉県文化財の指定を受けた。これを記念し、6月から9月にかけて千葉県立中央博物館で「ハーマン号遭難絵巻」特別展

回収された英国製の白磁皿など（日本水中考古学調査会提供）

示会も開かれた。

この船に関わった勝浦、熊本、弘前など各地の人々に連携の動きも見え始めている。２０１０年には、弘前青年会議所が「ハーマン号沈没事件」に関し、シンポジウムを開催。その後も勝浦市を度々訪問するなど互いの絆を強めている。また近年、遭難当時船に乗り組んでいた熊本藩の藩医・坂田大豊の曾孫《ひまご》や玄孫《やしゃご》も参列。玄孫でバイオリニストの中川毅さんはポルムベスク作曲の「望郷のバラード」を奏で、鎮護の曲をたむけるなど交流を深めている。毎年2月13日には「ハーマン号慰霊祭」が勝浦市で開かれ、遺族や米大使館公使も出席して慰霊碑に祈りを捧げる。

船体または周辺の砂礫《されき》の下にまだ大量の部材や遺物の存在が見込まれる。このため、２０１８年8月には、九州大学などの協力のもと、ソナーや写真測量技術を使い、沈没船や周囲の海底状況などがわかる精密な立体図を作成し、今後の本格調査に備えている。

ジャマイカの海賊都市 ポート・ロイヤル

まえがきでも少し触れたが、1989年の夏、私はいまから約330年前にジャマイカの海底に沈んだ都市「ポート・ロイヤル」の発掘調査に参加した。現在のポート・ロイヤルはさびれた一漁村にすぎないが、かつては海賊たちが拠点にしていた港町で、お宝を満載した船が誇らしげに凱旋《がいせん》してきたという。

1692年、ジャマイカ島を襲った巨大地震と津波で、約20万平方メートルのポート・ロイヤルの約3分の2が一瞬にして海中にのみ込まれた。ここは、カリブ海に君臨した大海賊ヘンリー・モーガン（1635?～1688年）の元本拠地であり、一時は500隻以上の商船が碇泊《ていはく》できた西インド諸島貿易の一大拠点でもあった。もとはといえば、英国の移民によって開かれた港町。ジャマイカが「発見」されたのは、1494年のコロンブスの2回目の航海の時である。初めは、カリブ海における英国海軍の支配力は弱いものだった。そこで英国は、カリブ海での生存をかけて、ジャ

調査船「Soon Come号」(筆者撮影)

マイカに海賊を招き入れることを企てた。スペインやオランダ、そしてフランスの国々に対抗するためのうってつけの場所が、ポート・ロイヤルだった。ここの利点は、その狭い入口の地の利を活かし、港に近づくあらゆる船を監視できたことにある。やがて、船乗りや商人、職人、娼婦らがどんどんこの港に集まってきた。

　地震がおさまるとすぐに、海底に沈んでしまった都市のサルベージと盗掘が始まった。人々は家々の扉を壊し、店に突入し、金銀、宝石、商品など、めぼしいものを手当たりしだいにわしづかみにし、逃げ去った。地上に残された建物は、矢継ぎ早に襲ってくる余震のため、ひっきりなしに倒れ、多くの人々がその下敷きになり死んでいった。山のように迫ってくる津波で溺れ死んだ人もたくさんいた。こうして、繁栄を極めた都市ポート・ロイヤルの大半は、水没し廃墟の街と化し、やがて人々から忘れ去られていった。

　その後、海賊たちはこの地を離れ、植民地開拓者もほとんどいなくなり、現存する町に往時の面影はない。海底に眠る都市を初めて発見したのは、海底の宝探しを行っていた米国人、ハリー・リズバーグだった。

1950年、エドウィン・リンク博士と米国国際地理学協会は、潜水母船「シーダイバー号」やアクアラング潜水をフルに使って発掘調査に着手、廃墟となった都市ポート・ロイヤルから何百という人工遺物を引き揚げた。さらに、1966年から3年間、ジャマイカ考古学研究所がロバート・マークス氏の指揮のもと、ポート・ロイヤルの再調査を実施し、遺跡は14万平方メートルの広さをもち、水面下1～20メートルの間にあることを確かめた。「海底には、何が眠っているのだろう」と、想像するだけで胸が高鳴ったものだ。

本格的な調査が始まる前にためしに潜ってみた。水は思ったより濁っていたが、水深は3～4メートルと浅い。不測の事態が起きてもすぐに浮上できる深さだ。

海底から引き揚げられた少年の骨。写真上は筆者

生まれて初めて見る「海底に沈んだ町」。厚い泥の層で覆われ、表面からはその全貌を見ることはできないが、「謎の大陸・アトランティスはひょっとしたらここなのでは」と、とりとめのない想像をしてしまう。見えないだけに逆にロマンをかき立てられた。

ここでは、タンクを背負って潜る「スキューバ潜水」に代わり、母船のホースから直接空気を送る「フーカー潜水」が採用された。台船上にあるコンプレッサーから同時に6人の潜水者に送気できるため、何時間でも潜水調査に没頭できる。

ある日の潜水中、背後で突然鈍い破裂音がした。何事かと身構えると、〝命綱〟である空気ホースが破れ、猛烈な勢いで気泡が吹き出している。仲間の合図で私は慌てて水面に戻った。水深が浅いので命の危険までは感じなかったが、これが深海だったらと思うと、ぞっとした。

主要な発掘用具は「水中ドレッジ」だ。口径約13センチの吸引機で吸い込んだ土砂などは、長い管を伝わって排出される。30センチほど掘ると、ブドウ酒の瓶や土器の破片、金属製品などが堆積している層にぶつかり、やがてレンガ造りの床が現れた。周りからは漆喰《しっくい》で固められた壁らしきものも現れた。

ポート・ロイヤル海底都市での発掘調査の様子。レンガ造りの廃墟の街並みが果てしなく続く（筆者撮影）

レンガの床は水平ではなく、傾いていたり、周囲より一段下がったりしているところもある。巨大地震のエネルギーで全体がゆがんでしまったのだ。レンガの廃虚の街が果てしなく続く海底は、まさに「ゴースト・タウン」。私たちはエキサイトし無我夢中で掘り進んだ。

調査を通じて、しだいに町の様子が明らかになってきた。一部を再現するとこうなる。

横に長い2階建ての家の中には「靴屋」「居酒屋」「たばこ屋」が同居していた。いまでいうテナントだ。そこには、たばこパイプの絵入りの看板、無数の皮革製品、酒樽やブドウ酒の瓶などが残されていた。

その長屋は波止場のすぐ裏手の商店街中心部にあったとみられる。通りは一日中にぎわっていたであろう。さらにその裏にあたる場所には、ウミガメの甲羅を加工する「べっこう職人」の工房が埋もれていた。製材所、魚屋、肉屋などもあった。

どこにでもありそうな港町。外海で大暴れしていた「カリブの海賊」たちも、地元に帰れば普通の暮らしをしていたのだと思うと感慨深かった。

1981年から1990年にかけ、米テキサスA&M大学が水中考古学研究所とジャマイカ政府の後援のもと、発掘調査を行った。浅くて比較的安全ということもあり、水中考古学者を目指す多くの学生らが野外実習に訪れた。以降、発掘法や海底地図作製法、水中写真撮影法などの実務を学べる実践訓練センターとしての役割を担ってきた。ジャマイカ側からは、プロジェクト本部兼作業場、そして潜水機材置き場として「旧英国海軍病院」が、宿泊所には「元英国海軍西インド諸島司令官」の瀟洒《しょうしゃ》な官邸が提供されてきた。どちらも船着場を備えており、私たち実習生は毎朝、この官邸の桟橋に係留された双胴調査船を駆り、波静かなキングストン湾をスルスル横切るようにしてプロジェクト本部へ向かうことを日課とした。あたかも乗客を満載したフェリーボートの如《ごと》しで

いまはひなびた漁村ポート・ロイヤル。上部中央に見えるバージ船の下が発掘調査現場（筆者撮影）

ある。調査船の船名は「Soon Come 号」で、その名のとおり「すぐにやって来る」。

これまでの発掘で、シロメ（錫《すず》、鉛、真鍮《しんちゅう》、銅の合金）製の食器類、銀製のスプーンやフォーク、真鍮のろうそく立て、ガラス容器、陶磁器……とさまざまなものが発見された。私が参加したときには、少年の骨や沈没船の一部などが回収された。

「失われた文明」の再発見の旅へと漕ぎ出したばかりだった私にとって、レゲエ音楽を毎日聴きながらこの地で送った合宿生活は忘れられない思い出だ。研究に没頭していると、いまでも、けだるいレゲエ音楽が聞こえてくるようだ。

コラム

海底地図のつくり方

考古学調査では、遺跡の地図（見取り図／実測図）が欠かせない。まずは遺構や遺物を計測し、「何がどこにあったか」を正確に記録・図化しておくことが必要だ。これまでは手作業で実測図をつくっていた。だが、陸上での測量に比べると、水中での潜水測量作業ははるかに長い時間が費やされる。海中には潮があり、視界が悪く、ダイバーも思うようには動けない。活動時間に制限がある水中調査で、いかに作業効率をあげるかが課題でもあった。そこで新たに開発されたのが水中での写真測量法（フォトグラメトリー）だ。その背景にはデジタルカメラの普及・発達がある。

写真測量法は、対象物全体をさまざまな角度で撮影し、そのデータをコンピューター上に再構築して三次元立体画像・図（３Ｄモデル）を作成する技術である。水中環境でも極小の誤差での遺跡測量が可能で、３Ｄモデルをつくることができる。フォトグラメトリーは、その「正確性」、「精密性」、「迅速性」、「可視化能力」などの点で非常に優れた技術で、現在では水中考古学における記録作業のスタンダードになりつつあり、世界的に利用が拡大している。例えば、この技術で作成された3Dモデルでは、沈没船の木材に残された造船時のノコギリ痕や年輪まで見て取れるほどだ。これまで何年、何十年もかかっていた実測図づくりを、わずか1週間~10日間ほどで終えてしまうことも少なくない。

もう一つ欠かせないのが精密な海底地形図だ。水中考古学を陸上の考古学と同等のレベルで行うためには、海図に加え、従来の海底地形図以上の精度をもつ地形図が必要となる。どういう場所にどの様な状態で沈んでいるのか、海底地形の景観を地図化する。1990年代後半から実用化されてきたマルチビーム・ソナーは、海底の三次元的形状を測定するのに用いられる画期的な装置である。

この装置は、船の下から海底に向かって指向性の強い音響ビームを扇状に多数（例えば240本）発信して、船の進行とともに一度に多数点の水深を測る。マルチビーム・ソナーでは、水中地形をコンピューターで立体的に画像処理し、海底の地形を3Dで詳細に把握することができるようになった。

2018年に千葉県勝浦市沖で行われた米大型蒸気外輪船「ハーマン号」の水中調査では、この「水中写真測量」と「マルチビーム・ソナー」技術の両方を使い、海底の立体遺跡地図や沈没した場所や周囲の海底状況などがわかる精密な立体地形図を作成している。

伝説の海賊船ウィダ号とブラック・サム

大海原を舞台に、いなせな海賊ジャック・スパロウらが織り成す血わき肉おどる熱い戦い。空前の海賊ブームを巻き起こした映画「パイレーツ・オブ・カリビアン」は、むろん架空の物語だが、17～18世紀、カリブ海を中心に暴れ回った実在の海賊は数え切れない。海底に沈んだカリブの海賊たちの拠点港に続き、海賊船そのものの引き揚げ作業を紹介したい。

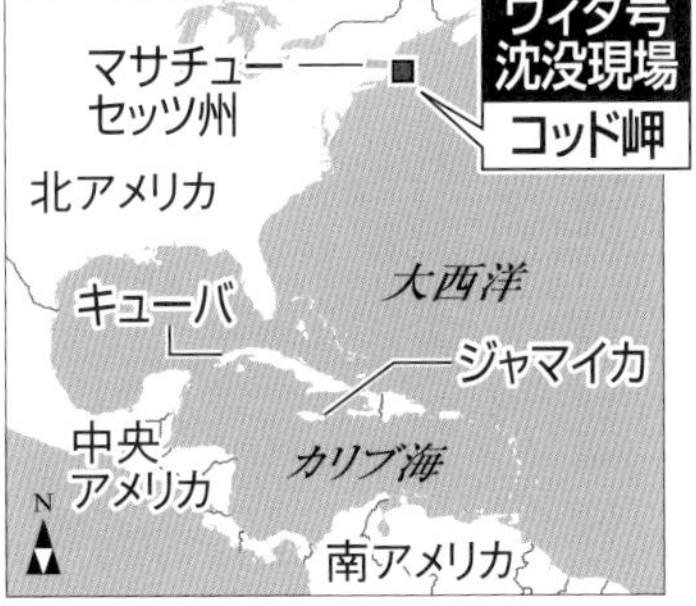

１９８５年、米国東部マサチューセッツ州のコッド岬沖５００メートル。穏やかな海面が泡立ち、海中から潜水マスクと青のドライスーツをまとった男が息せき切って浮上した。米国人水中探検家バリー・クリフォード氏だ。

アルミ製ボンベ背負い、足ひれで力いっぱい蹴って、深さ10メートルの海底から海藻と貝殻がこびりついた1メートルほどの「回転砲」と「ＷＨＹＤＡＨ」の刻印のある青銅の鐘を引き揚げると、彼は荒い息をはきながら、グローブをはめた手でその砲身を軽く叩いた。周辺海域を15年も捜索し、ついに海賊船「ウィダ号」と略奪品のありかを突きとめた瞬間だった。

水中でクリフォードに合流した同僚の海洋歴史学者センブローラは、海面に浮上した時、粗く削られたような黒ずんだ木材を小脇に抱えていた。そして、「ウィダ号の一部と考えていいだろう」と言った。

「ナショナル・ジオグラフィック（日本版）」（１９９９年5月号）によれば、この船から見つかった遺留品の数は10万点を超える。スペインの金銀貨、袋詰めされた砂金に金のインゴット、腕輪や指輪などの豪華宝飾品のほか、武器類も次々に回収された。ウィダ号遭難後、数少ない生存者の１人だった船大工の証言では、積んでいた略奪品は海賊たちの決めたルールに従って平等に分けて箱に納め、甲板の下に保管していたらしい。

ウィダ号は、もとは英国の奴隷貿易船だった。全長30メートル、３本マストの俊足船で、１７１5年にロンドンで進水。英国、アフリカ、西インド諸島を結ぶ悪名高い「三角貿易」に携わっていた。英国からの織物、酒、武器などの荷を西アフリカで奴隷と交換、カリブ海諸島へ運んでその奴隷を売って、金銀、砂糖などに換えていたのだ。

そのウィダ号が１７１７年、ジャマイカから英国に戻る途中、バハマ諸島近海で2隻の海賊船に襲われた。海賊の頭目は黒髪の英国人で水夫あがりのブラック・サムと呼ばれる男（本名サミュエル・ベラミー）。カリブ海や西大西洋を股にかけ、わずか1年の間に53隻の船を略奪した有名な海賊だ。一味は、ウィダ号を乗っ取ると、代わりに自分たちの船を与え、無抵抗の船長や水夫たちを逃がしてやったという。

海賊船となったウィダ号は、北米大陸東岸沿いを北上し、船を見つけては略奪を繰り返していたが、コッド岬沖で嵐に遭遇してしまった。

船体は真っ二つに折れ、積み荷は海底に飛散した。サムも145人の海賊もろとも海底に沈み、助かったのはわずか2人だけだった。コッド岬に集まった少なくとも200人の周辺の住民は、難破船からの漂着物を略奪していった。

海賊に関しては、さまざまな記録が残っており、ある程度その実態が明らかになっている。

階級制度の厳しかった当時、窮屈な生活をきらい、自由奔放に暮らすのが海賊稼業。ほとんどが世捨て人、奴隷、水夫あがりだったが、船に乗り込めば、前身を問われることもなかった。海賊船の船長といえば「独裁者」のイメージが強いが、多くは乗組員らの投票という民主主義的手法で選ばれた。1680年から1725年にかけて、1万人もの男女（女海賊も若干いた）が、海軍や国王への忠誠を捨てて海賊となり、海を荒らし回った。

引き揚げられたウィダ号から見つかった金銀財宝以外の遺物からわかったこともある。

黒の革靴をはいた人間の脚の骨には、絹の靴下が残されており、海賊たちが身なりにも凝っていたことを物語る。回収した衣服と骨から推して、海賊の平均身長は165センチ程度。「海賊は荒くれた大男」という従来のイメージとは異なっている。

また、海賊たちの目的は船を沈めることではなく略奪することだったため、船体を破壊する砲撃

「WHYDAH」の刻印がある青銅の鐘も海底から引き揚げられた＝米マサチューセッツ州ウエスト・ヤーマスのウィダ海賊博物館で

戦より接近戦を好んだといわれてきたが、ウィダ号から多く見つかったピストル、散弾銃やマスケット銃（16世紀に用いい始められた先込め式の歩兵銃）の弾、手投げ弾などは船体をさほど傷つけずに甲板の敵を倒せる武器として有効で、この説は裏付けられた。海賊たちは〝獲物〟の船に乗り移るとき、軽くて持ちやすいピストルを愛用したのだ。

このほか、短刀を研ぐのに使われたらしい円盤型の砥石も見つかっている。

ところで、ウィダ号はなぜ海の難所コッド岬に行ったのだろう？

地元に残る古い言い伝えがある。ブラック・サムは海賊になる前、コッド岬に住む恋人がいた。彼女の両親もサムを好いていたが、当時のサムは貧しい水夫だったゆえに、娘の夫には不向きと考えていた。そこでサムは、自分の幸せを求め、海賊になることを決意したという。

どんな荒くれ者も惚れた女には弱い。それが海賊たちの人間としての本来の素顔だった。

ウィダ号の遺品の数々はマサチューセッツ州ウエスト・ヤーマスにある「ウィダ海賊博物館」に

収蔵されており、伝説の存在だった海賊ブラック・サムの名が再び脚光を浴びている。興味と機会がある方はぜひ訪れてほしい。

ヨーホー！　ヨーホー！　旗を揚げよう、どくろの旗を。ヨーホー！　ヨーホー！　いかりを揚げろ。俺たちゃ決してくたばらない。

海賊の海に沈んだ商船

海賊が主役の映画や物語はよくあるが、襲われる船はたまったものではない。ただでさえ危険な海を、海賊におびえながら、それでも商品を運ばなければならなかった商船は、どのような装備をしていたのだろう。17世紀のこの時代、貿易は必ずしも紳士的なビジネスではなく、交戦や略奪など隣り合わせだったともいわれる。

私は米国留学中の１９９１年、ドミニカ共和国北岸のモンテ・クリスティ町カブリタ島に沈む17世紀のオランダ商船の発掘に参加した。約３６０年前に海底に没した商船からは３万点以上ものたばこパイプのほか、大砲や刀剣類などが引き揚げられた。

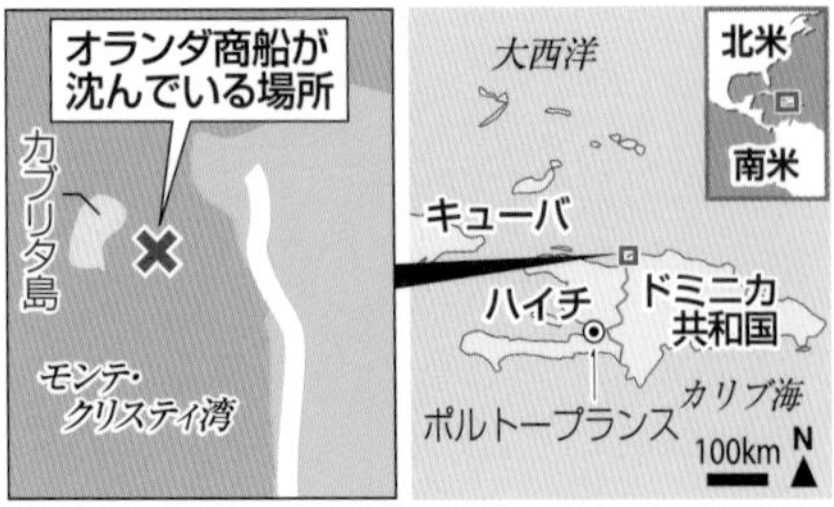

「ヘイ！　タカ。よかったら来ないか？」

ルームメイトのサムから声がかかった。彼はモンテ・クリスティ沈船発掘調査団の副団長を務めており、発掘への参加を勧めてくれたのだ。

退屈な論文書きにうんざりしていたときだったただけに、二つ返事で彼の誘いを受け、マイアミ空港からドミニカの首都、サント・ドミンゴへ。北部にあるモンテ・クリスティ町まではバスを、そこからは小舟を使って対岸のカブリタ島へ渡った。

プロジェクトを率いるのは、私の学友で「酋長《しゅうちょう》ジェロニモ」の異名をとるジェローム・ホール氏。この沈船遺跡は、水中考古学のパイオニアであるピーター・スロックモートン氏からジェローム氏に引き継がれたものだ。

カブリタ島は周囲4~5キロほどの小さな島で、17世紀頃までは海賊の住処《すみか》でもあったようだ。どんな船なのか、想像するだけで胸が高鳴った。ジェローム氏の先導で、さっそく沈没船を見せてもらうことにした。

「タカ、われわれは作業があるので潜水するが、あんたは今日は水面から眺めていてくれ」

水中メガネをつけ、現場の海底をのぞきこんだ。水深4・5メートル、手を伸ばせば届きそうな海底に船体がくっきりと見える。

「信じられない」

息をのむ眺めである。海底は砂地で、ほとんど真っ平らだ。その光景の素晴らしさに時がたつのも忘れ、気がつけばドミニカの強烈な日差しが、私の背中を痛いほど真っ赤に焦がしていた。

カブリタ島側からみたエル・モロー火山。桟橋右手に見えるバージ船の下に沈船がある（筆者撮影）

回収されたレアル銀貨（ジェローム・ホール氏提供）

いよいよ潜水だ。残骸は縦約10メートル、横約20メートルの範囲に横たわり、巨大なサンゴのような岩盤が船体の大半を覆っている。私が担当した船体下部から、ヘアブラシに似た黒くて硬い獣毛のようなものが現れた。夜のミーティング時、ジェローム氏が「昔の木造船の大敵はフナクイムシだ。船底塗料を用い船体を保護する技術のなかった当時は、フナクイムシの嫌う獣毛を船底に敷くことによって、船体を守っていた」と解説してくれた。

沈没船からは、クレー・パイプと呼ばれる粘土製のたばこパイプが実に3万点以上も引き揚げられた。水中で見つかった世界最多のたばこパイプコレクションというべきもので、17世紀半ばにオランダで製造され、輸出された。2つのタイプがあり、ボウル型はヨーロッパ人や米国に移住したヨーロッパ人に好まれた。もう一つは朝顔型として知られ新大陸の先住民族向けにデザインされたという。

20枚のレアル銀貨（スペイン古銭）も見つかった。中でもペルー鋳造の8レアル銀貨には、額面を8から6レアルに切り下げる刻印があった。スペイン造幣局が1649～51年の間にペルーで通貨切り下げを断行しており、１枚の銀貨がいみじくもスペイン帝国の経済事情をうかがわせた。これらの銀貨から、船が沈んだのは１６５１年以降と推測される。

ライン川流域産の奇妙な「ヒゲ面の顔飾り」をもつ壺《つぼ》もあった。17世紀のオランダ船には、オイルやアルコールのような液体を入れる容器として積まれていた。リチャード・ブラット著『海賊事典』（あすなろ書房）によると、船に積んだ飲料水は適当な保存方法がなく、すぐに腐って飲めなくなってしまう。そもそも船乗りたちは水よりもビールを好んだため、ビール壺として積まれたともいう。

モンテ・クリスティに沈む船から回収されたたばこパイプ。右の2本がボウル型で、一番左は朝顔型（ジェローム・ホール氏提供）

アムステルダムにある「オランダ年輪年代学センター」の分析によれば、船体材には英国の樫材が使われている。英国の造りではあるが、船の積み荷がニューヨーク北部地方、特にオランダ人入植地であるオレンジフォートのものと一致することから、どうやらオランダ商船だったようだ。

17世紀初めには、ドミニカ北部沿岸の島々は野蛮な海賊たちが占拠してい

水深4・5メートルのところに沈む船体を計測中のサム（筆者撮影）

カブリタ島での調査メンバー。前列右は筆者

た。沈没船から発見された大砲や刀剣類は、それらの略奪から身を守る武装商船だったことを物語っているが、沈没の原因は海賊に襲われたものと聞く。たばこパイプを満載したこの船は、船名も不明。そもそもどこへ行くつもりだったのか、謎は多い。

　これまでに、たばこパイプが約50万点、レアル銀貨28枚が回収されたことに加え、真鍮燭台《しんちゅうしょくだい》、ガラスビーズ、マスケット銃弾、船具などが見つかっている。

コラム

トレジャーハンターと遺物の所有権

世界的にみても、沈没船の財宝探しにチャレンジする試みは、昔から幾度となく行われてきた。過酷な環境である荒海や深海もいとわず、命を落とした者も数知れずいる。それでも、水中に眠る巨万の富を目当てに血眼になって沈没船探しに熱中するトレジャーハンターは、後を絶たなかった。実際に莫大な財宝を発見し、巨富を得た例はいくつもある。

そこで疑問を抱く方がいるだろう。トレジャーハンターが引き揚げた「お宝」は、いったい誰のものなのか。価値ある水中遺物の所有権をめぐり、国家をも巻き込んだ争いが繰り広げられてきた。

近年最も知られているトレジャーハンターの一人、マイケル・ハッチャー氏らは１９８５年、オランダ東インド会社の貿易船「ヘルダーマルセン号」を発見した。全長45メートルのこの船は１７５２年、シンガポール沖で沈んだとされる。回収物は16万点にのぼり、ほとんど無傷に近い青磁などの中国陶磁器や１２６点の金の延べ板は、オランダ・アムステルダムのクリスティーズで競売にかけられ、総額２千万ドルの値がついた。

一方、それらの所有権がどこにあるのかは、いまだにすっきりとしていない。一義的には、引き揚げ現場がインドネシア領海内だったかどうかが関係してくるが、ハッチャー氏らは現場の位置など詳しいことは明らかにしていない。オランダ政府がハッチャー氏らとの交渉で回収物の売り上げの10パーセントを受け取ることで合意したが、インドネシア側には何も渡されなかった。

カリブ海地域では、トレジャーハンターのメル・フィッシャー氏が1985年、米フロリダ半島沖で1622年に沈んだスペインのガレオン船「アトーチャ号」を発見し、4億ドル相当の金銀財宝を引き揚げた。「船は領海内で発見された」と所有権を主張するフロリダ州と裁判で争った結果、財宝の4分の1を手放すことになった。

1991年には、インドネシアのサルベージ会社が、約500年前にマラッカ海峡で沈んだポルトガルの帆船「フロール・デ・ラ・マール号」の引き揚げを開始すると発表した。沈没現場は、スマトラ島北部タンジュン・ジャンブアイールの北、水深約40メートルの海底。船には当時のマラッカ王国から略奪した金や宝石など10億ドル相当が積まれており、史上最大級の財宝引き揚げとして注目を集めた。ところが、回収されたのは錫《すず》のコイン、ナイフ、木切れだけ。何の財宝も発見できていないが、やはり積み荷の所有権が問題になった。マレーシア政府が「旧マラッカ王国に属する歴史的遺品。返還を求める」と主張したのに対し、インドネシア政府は「インドネシア領海に沈んでいるので所有権はインドネシアにある」と反論するなど交渉は平行線だった。

さて、私たち水中考古学者が財宝を見つけた場合はどうなるか。日本では、海底から引き揚げた遺物は落とし物と同様に扱われ、地元警察署に「埋蔵物発見届」を提出し、認定されれば文化財保護法の対象として文化庁管轄（実務上は都道府県教育委員会に帰属）となる。6カ月以内に所有者が判明しないときは、発見者と土地所有者で折半することになる。海の場合、土地所有者は国であるが、帰属としては都道府県のものとなる。千葉県勝浦市で私が携わるハーマン号の調査では、発見者（私）としての権利を放棄することで千葉県帰属となる。仮に発見者が権利放棄に同意しない場合は、文化財は国民の共有財産であることにかんがみ、県が発見者に報奨金を支払うことになる。報奨金は骨董的な価値ではなく、考古学的な評価として県が評価委員会を立ち上げ、適正な価格が決められて、報奨金が支払われることになるだろう、というのが文化庁の見解だ。

日本ではこれらを受ける明確な国内法が存在せずあいまいな部分が多い。水中文化遺産に対するきっちりとした法整備が待たれるところだ。

ここで、われわれ水中考古学者とトレジャーハンターの違いを明確にしておきたい。水中考古学者が「水中遺跡の保護」を目的として発掘調査するのに対し、トレジャーハンターは

「濡れ手で粟」を狙う財宝目当ての〝海の狩人〟。敵対関係にあるといえる。

私の恩師ジョージ・バス博士はかつて著書の中で、「遺跡の正確な測量図があって初めて考古学が成り立つ」とした上で、「水中考古学は単なるサルベージではない」と強調した。

また、H・エドワーズ著『蒼海の財宝』（井谷善恵編訳、東洋出版）によると、オランダの東インド会社研究の権威クリスチャン・ヨーグ博士は、ハッチャー氏を「発見物の詳細な記録を残すことにほとんど注意を払っていなかった。残念だ」などと非難している。

水中からの引き揚げ作業は、多額の費用がかかるハイリスクの事業でもある。２００９年に発効したユネスコの「水中文化遺産保護条約」では、商業的利用を禁止している。これを無視すれば「不法行為」となる。これまで世界中で無秩序に行われてきた水中での略奪や盗掘行為も、しだいにその活動の場を狭めてゆくことになるだろう。

古代ギリシャの難破船が裏付けた真実

きらめく太陽とエメラルド色に輝く海、ギリシャ本土の東にある風光明媚《めいび》なエーゲ海には、多くの島々が連なっている。航海術が未発達だった大昔、ギリシャの船乗りたちはこれらの島々を目印としながら島伝いに航海して他国との海上交易を行い、海洋民族として栄えてきた。ヨーロッパ文明の揺籃《ようらん》の地である古代ギリシャ。何世紀にもわたって光り輝きながら、文学、芸術や演劇、哲学や政治、スポーツ、そのほか人間生活の多くの面で極致に達し続けてきた。ときを経て現代、引き揚げられた難破船の遺物は、この海洋民族にまつわる伝承や定説を裏付けたり、覆したりする。水中考古学の面目躍如である。

1996年、私の恩師ジョージ・バス博士らは、エーゲ海のトルコ側に位置するテクタシュ・ブルヌの海底で古代ギリシャの交易船と思われる残骸を発見した。

ただ、すぐに本格的な調査に乗り出せたわけではない。テクタシュ・ブルヌは荒海に面した無人の岬。鋸歯状《きょしじょう》に切り立つ岩場への宿舎設営などの悪条件を克服し、発掘作業に着手できたのは1999年夏だった。博士は「木製の台から海中に飛び込んだとき、打ち寄せる波はあまりにも激しかった」と述懐している。

深さ38～45メートルの海底斜面に残骸はあった。船体は朽ち果てていたが、砂上に露出する数百個のアンフォラの様子から、その輪郭が見てとれる。この水深だと20分程度しか潜っていられないので、アンフォラを引き揚げるためにかごに入れる者、吸引パイプで積もった砂を取り除く者、壺の寸法を測る者、遺物に付いたセメント状の凝固物をはがす者……といった具合に、作業は分担して行われた。

歴史的発見は作業開始後間もなくなされた。博士が「ナショナル・ジオグラフィック（日本版）」（2002年3月号）に寄せた手記によると、海底から浮上してきた副隊長のデボラが興奮気味に「ヒュドリア（水甕）です。間違いありません。（口縁部の）下に垂直の取っ手がついています」と博士に伝えたのだ。

古代ギリシャ人は、ワインを生のまま飲むと失明するか、精神異常をきたすと信じていて、必ず水で割ってから口にした――という伝承がある。飲み水を入れるヒュドリアはアンフォラと違って、持ち運びに便利なように両手で持てる二つの水平の取っ手に加え、水を別の容器に注ぐときに使う垂直の取っ手が一つ付いている。飲み水を貯めておくだけなら垂直の取っ手は必要ない。

ワインは通常アンフォラに入れられており、ワインと水を別の専用の器に注いで混ぜたという。さまざまなものを入れるアンフォラはともかく、もっぱらワインの水割りに使われていたとされるヒュドリアが沈没船から発掘されたことで、古代からの伝承が裏付けられたわけだ。

この調査ではもう一つ、重要な発見があった。直径14センチの白大理石の円盤だ。謎めいた物体だったが、博士らは「これは船に取り付けられていた『眼』の一つだろう」と考えた。2000年夏には、難破船に付いていたもう一方の眼も出土した。

ギリシャ神話に登場する「オデュッセウスとセイレン」が描かれた紀元前480年頃のものと思われる壺。船首に「眼」が描かれている（©The Trustees of the British Museum）

船を生き物とみなし、遠くを見渡せるように船体に眼をつける慣習は多くの世界文化に見られる。ギリシャの壺に描かれている絵から、古代の船にこうした眼があったことは以前から知られていた。ただ、それまで古代ギリシャの軍船から大理石の眼の現物が出土した例はあっても、交易船からの発見例はなく、「交易船の船首の眼は単に船体に塗料で描かれていたに過ぎない」というのが定説になっていた。この発見で定説は覆されたのだ。

海は荒れていたが、貴重な発見は続いた。錨《いかり》のストック（錨を海底に固定するための横木）もその一つだ。当初、ストックは石だったが、博士たちが見つけたものは、鉛を芯に使った初期のもので、当時としては画期的な新技術だった。また、出土した1本の銅製の釘も造船史の発達を裏付ける重要な発見だ。その形状から木造の船体に肋材《ろくざい》を釘づけしていたことがわかったからだ。さらに、アンフォラの中にあった松根《しょうこん》タールは、船板の隙間を埋めて水漏れを防いだり、ワインの香料などに広く使われていたものらしい。

その後、カナダのマニトバ大学のマーク・ラウォール古典学教授が積み荷の写真を詳細に分析した結果、沈没船は紀元前４４０～４２５年の間に沈んだ小型の交易船と判明した。アテネのパルテノン神殿の落成が紀元前４３８年。この時代の難破船が発掘されたのはこれが初めてで、博士らが目にしたのは、まさに古代ギリシャの黄金期に活躍した船の一つだった。

ジョージ・バス博士（右）と筆者＝1990年、米テキサスA&M大学水中考古学研究所オフィスで

エーゲ海一帯を支配していた帝国アテネの力と繁栄は、海軍と海上交易に支えられていた。当時の繁栄は航海に適した船々がなければ決して実現しなかっただろう。航海の安全を託す石製の船の眼、錨のストック、銅製の釘など水中だからこそ見つけられた新事実の数々はまさに水中考古学ならではの快挙といえよう。

かつてギリシャを訪れたとき、アクロポリスの丘の上でライトアップされたパルテノン神殿を、ホテルの屋上レストランから仰ぎ見たことがある。その高貴な美しさにうっとりしたものだ。今度はそこで、水割りワインを試したいと思っている。

北欧の華麗なる戦艦　バーサ号

北欧スウェーデンの首都ストックホルムは、白夜の国の水の都。1628年、そのストックホルム港から戦艦「バーサ」号が処女航海に旅立った。全長69メートル、上下2列64門の青銅製の巨砲を備え、船体は金鍍金《めっき》が施された彫刻で飾られていた。雄姿はバルト海を制圧する威力を十分に備え、スウェーデン王国の栄光の歴史を担うはずだった。が、海上をわずか1300メートル進んだところで、突如強風にあおられて左に傾くと、あっという間に34メートル下の海底に消えていった。

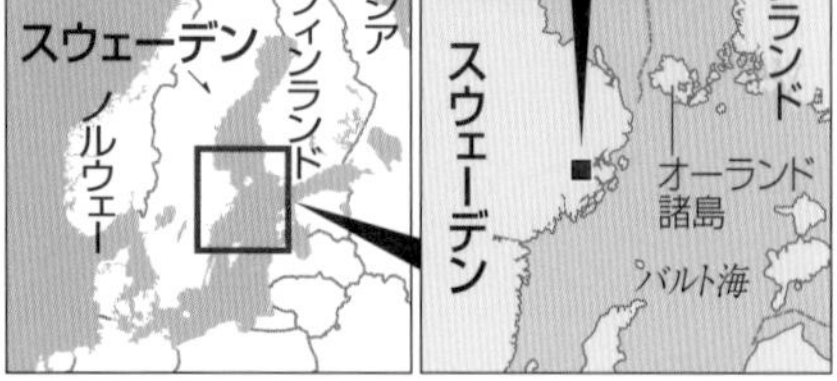

バーサ号の引き揚げ作業は、沈没直後から何度かスウェーデン海軍などが試みたが、いずれも失敗に終わった。その後、54門の青銅製大砲が引き揚げられたものの、沈んだバーサ号の存在は3世紀の歳月が過ぎる間に、沈んだ位置さえ忘れられて放置されていた。

時を経て1956年。祖国の海軍史上に一大汚点を残したバーサ号の悲運の解明とその行方を探索しなければと決意したスウェーデンの技師、アンデルス・フランセンによって、この歴史的な船の再発見がなされた。

船を探り当てるにあたっては、いろいろなアイデアが出された。試行錯誤のうえ、ダイバーがバーサ号の沈没位置をようやく確認したところで、1958年に引き揚げ作業計画が決定した。海底の泥土の中に沈むバーサ号の下にケーブルをくぐらせ、引き揚げようと、1961年、砲門や船体に開いた穴をふさいで水が入らないようにし、ポンプで艦内の水を排出。サルベージ船がケーブルを引くとバーサ号は海面に浮上して、333年ぶりに眠りから覚めた。

引き揚げられたバーサ号は、考古学的な発掘と保存が行われた。バルト海の水は冷たく、フナクイムシの活動も少ないため、バーサ号は幸運にも完全な形をとどめ、艦内には多数の剣をはじめ、武器類や日常生活用具、台所用品、硬貨4000点以上が残されていた。

「軍艦の構造や船上生活を知る上で重要なものであるとともに、数多くの彫刻はルネサンス後期芸術のユニーク

バーサ博物館に展示中の、全体の95％を引き揚げられたパーツで復元したバーサ号（Ola Ericson/imagebank.sweden.se）

な収蔵品でもある」と、考古学者たちを大いに喜ばせることになった。

船体と一緒に引き揚げられた装飾の木製品の断片は、約1万3500点にものぼった。修復された後、バラバラになっていた断片のくぎ穴に針金を通し、それと合致する船体のくぎ穴を探すことで、元の部位に戻していった。作業は困難をきわめ、「バーサ号は世界最大のジグソーパズル」といわれた。

いまでは、引き揚げられたパーツによって船体の95パーセントが復元された。新しい材料を使った残り5％のところは、見学者にもわかるよう、もとより明るい色で仕上げられている。


リチャード・プラット著『知られざる難破船の世界』（川成洋監修、あすなろ書房）によると、装飾の素晴らしさは目を見張るものだったという。オーク、松、ライムなどの木材に彫られた人像500体やその他の装飾200点。主に神話の動物や歴史上の人物、聖書の物語などをテーマにしたものだったが、人魚も彫られていた。迷信深い海の男たちは、人魚は航海中の船乗りを守ってくれると信じていたからだ。しかし、この彫像があだとなった。船体の上部は重くなり、頭でっかちとなったバーサ号が転覆した一因ともいわれている。

一方で、バーサ号の発見によって、17世紀の軍艦の構造をめぐる論争は終わりを告げた。当時の油絵には、華麗な装飾のある巨大なビーク（船首から突き出している尖った部分で、先端に船首像がつく）をもつ軍艦が描かれているが、海事専門家の多くは「本当の姿ではなく、画家の誇張だ」と考えていた。しかし、復元されたバーサ号はまさに巨大なビークを持ち、そこにはローマ皇帝が行進する姿が彫られていたのである。

乗組員ら30～50人が犠牲になったとされるが、当時の様子も浮かび上がった。艦内には遺骨のほか、水兵たちの貧しい生活を物語る品々が残されていた。士官クラスはシロメ（錫《すず》、鉛、真鍮《しんちゅう》、銅の合金）の食器を使っていたが、水兵は一つの鉢を7人で共有し、木のスプーンでおかゆをすくって食べていたとみられる。中世の帆船時代、船での階級制度はより厳しいものだったのだろう。

バーサ号の保存処理には実に20年以上の歳月がかけられ、現在、ストックホルムのバーサ博物館で、17世紀の様子をいまに伝える唯一の船舶としてその姿を見せている。これを見るだけでも、ストックホルムを訪れる価値があるというものだ。

英国王の旗艦メアリー・ローズ号

英国国王ヘンリー8世の旗艦「メアリー・ローズ号」が1545年、英ポーツマス港沖のソレント海峡に沈んだ。その船体が浮上したのは、沈没から438年目の1982年。時の皇太子チャールズを総裁とする財団が引き揚げを計画し、成功させたのだ。その姿を一目見ようと2015年7月ロンドンから列車を乗り継ぎ、メアリー・ローズ号を収容する博物館のあるポーツマス・ハーバー駅に降り立った。

ヘンリー8世が王位についた頃、バチカンとカトリック大国スペインが圧倒的勢力を誇る欧州にあって、英国はまだ弱小国に過ぎなかった。6度の結婚に加えて、ローマカトリック教会から離脱し自ら宗教改革を断行した王としても知られる。後戻りのできない英国は、スペインや宿敵であるフランスなどからの侵攻に備え、軍備拡張を急ぐ必要に迫られる。そのような情勢下で建造されたのがメアリー・ローズ号だ。

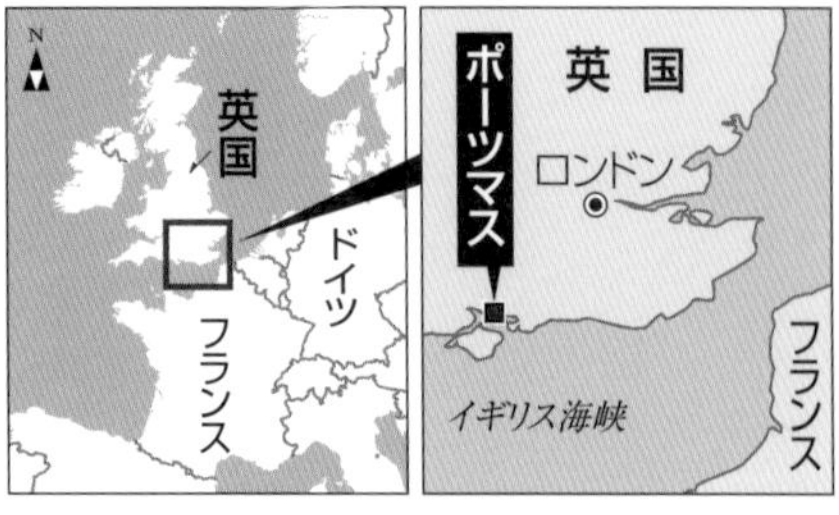

「いよいよお目当てのメアリー・ローズ号に会える。彼女はいま、どんな姿で私を迎えてくれるのだろう」

船に沿った薄明かりの見学通路から、ガラス窓越しに見たのは、紛れもなくメアリー・ローズ号そのものだった。ポリエチレングリコール（ＰＥＧ）という特殊な溶剤で黒々と輝く船体からは、彼女の息づかいが伝わってくるように思え、熱いものがこみあげてくる。

「途方もなく大きい！」。それが第一印象だった。

メアリー・ローズ号は全長45メートル。91門の強力な火砲を搭載した英国初の軍艦。ところが１５４５年、ポーツマス港沖のソレント海峡で英国侵攻をもくろむフランス艦隊と戦闘を開始した直後に突如右舷に傾き、またたく間に海中に沈んでいった。リチャード・プラット著『ビジュアル博物館 難破船』（川成洋監修、同朋舎）によると、乗組員のほとんどが脱出できず、指揮官のジョージ・カルー卿をはじめ、６５０人以上が犠牲になったという。

沈没の原因は、下甲板に新式の巨砲を積み込み、定員をはるかに超える兵員が乗っていたため、船がトップヘビーの状

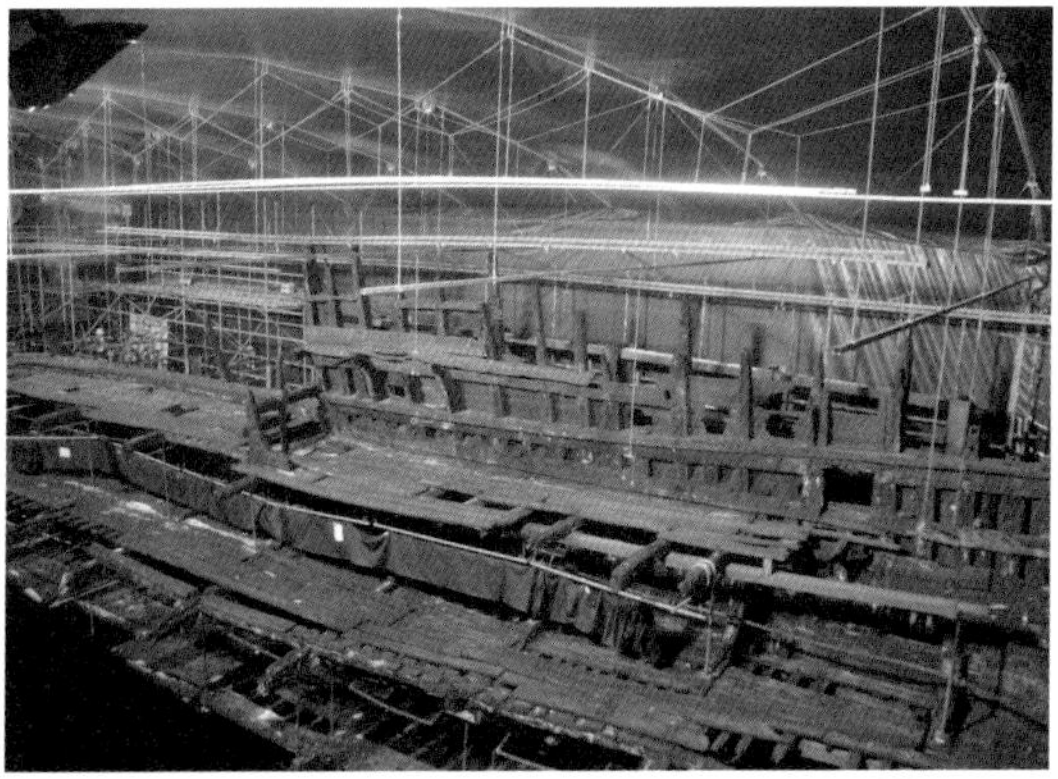
英ポーツマスの博物館に展示されたメアリー・ローズ号（共同）

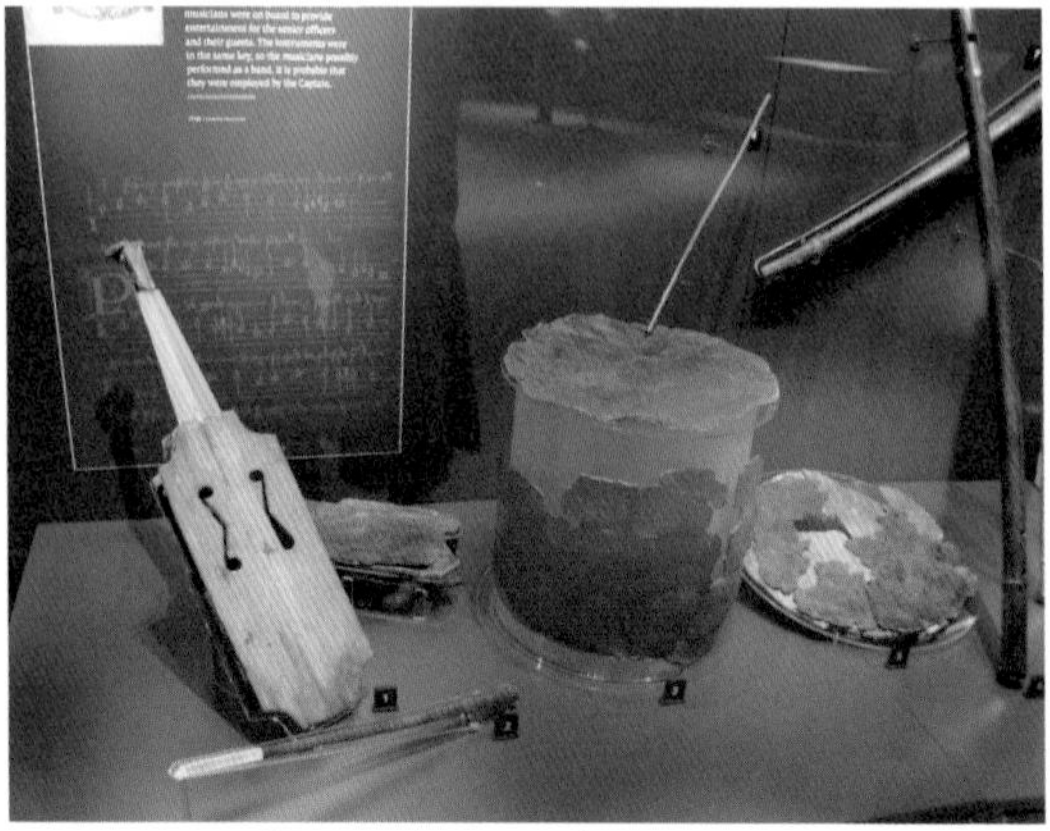

メアリーローズ号から見つかった楽器の一部（共同）

態になったうえに、何らかの操船ミスが重なったからだと推測された。

１９６７年、歴史家のアレキサンダー・マッキー氏は考古学者らを誘って水中を探索した結果、ソレント海峡の水深約14メートルの泥の下に軍艦が埋もれているのを発見した。１９７９年、各界から寄付を募り、チャールズ皇太子が総裁を務める「メアリー・ローズ号財団」が船体の解体可能な部分を分解して引き揚げた後、残りをまるごと引き揚げる壮大な計画を実行。皇太子自ら発掘現場に赴き、何度も潜水して作業を視察した。

１９８２年、マッキー氏の発見から15年の歳月と３万回の潜水を経て、船体は沈没から４３８年目に母港ポーツマスに帰港。停泊中の艦船は、一斉に汽笛を鳴らし、かつての英海軍旗艦の栄誉をたたえたという。

船体は脱塩処理後、水と溶剤を置き換えるためＰＥＧを吹き付け、乾燥させて木材の崩れを防いだ。保存作業は30年を超え、気の休まる暇もなかったチームの一員は「天国だね！　やっと解放されるよ」とつぶやいたという。きっと、「国の威信をかける」気構えで取り組んできたのだろう。

発見された遺留品は約1万9千点にのぼり、16世紀当時の軍事、航海、造船技術や海員生活の文献にない具体像が明らかになった。大量の弓や矢、銃のほか、さまざまな種類の武器が備えられ、大砲も積まれていたが、帆走軍艦時代の火力では敵艦を沈めることは容易ではなく、当時最も有効な兵器はなお弓矢だった。

『知られざる難破船の世界』によると、メアリー・ローズ号の名称は、王のまな娘、メアリー・チューダーと王家の家紋であるバラに由来するそうだ。博物館員の1人が「展示中の青銅製の大砲にもこの刻印がある」と教えてくれた。

回収された179体の人骨もまた多くを語る。最も完全な人骨は、身長約1・56メートルの力強い骨格の男性で、右肩が大きく盛り上がっていた。チューダー王朝時代（1485～1603年）、英国の少年たちは射手としての訓練を要求されていた。また、見つかった骨格の特徴から、重い弓を使用していた者、大きな銃の取り扱いにたけていた者など、船中での役割まで分析でき、ヘンリー8世の兵法を理解するうえでの重要な情報源ともなっている。

「考古学ジャーナル226号」（ニューサイエンス社）によると、主甲板中央部の階段裏には小さな負傷者処置室があり、軟膏《なんこう》や当時の医術を示す外科用医療器具（薬瓶、カミソリ、瀉血《しゃけつ》用の鉢、乳鉢、乳棒、四肢切断用の柄、切断用ナイフなど）64種が残されていた。麻酔剤のなかった当時、負傷者にヘルメットをかぶせて、その上からなぐりつけて失神させ、苦痛をなくして施術したというが、その際に使われたと思われる棍棒《こんぼう》もあった。なんとも荒々しい方法だが、これも一応は医療器具に入るらしい。

２０１６年5月、メアリー・ローズ号博物館がリニューアル・オープン。私の訪問時に、「来年にはエアダクトやガラス窓も撤去され、船と直接対面できるようになるわよ」と話してくれた年配の女性博物館員の言葉通り、現在は「ウェストン・シップ・ホール」と呼ぶ通路から身近に船体を見学できるようになり、英国の海洋史を知る上で欠かせない人気スポットとなっている。

コラム

スポンサーは誰が

一般的には、陸上に比べて水中調査は費用がかかるといわれるが、それではどのような組織がスポンサーになっているのだろう。

日本を代表する鷹島《たかしま》海底遺跡（長崎県）は、1980（昭和55）年の文部省（現・文部科学省）の科学研究費の配分をもとに水中考古学に関する試験的調査として実施されたのが始まりだ。その後、この海域では港湾工事に伴う緊急発掘調査が長崎県や鷹島町（現・松浦市）などのサポートで行われてきたが、国は1989年から3年間と、2005（平成17）年以降の調査も支援している。

1974（昭和49）年から始まった「開陽丸」の調査では、北海道江差《えさし》町教育委員会を主体とする開陽丸調査団が結成され、主に国や道の補助で行われている。出費総額は億単位である。広島県呉市による戦艦「大和」の調査では、費用8千万円のうち6400万円は国の地方創生交付金が使われている。和歌山県串本町に沈む「エルトゥールル号」は、フランスのマチス財団が資金援助する。

しかし、多くのプロジェクトではスポンサーがつかず、資金獲得が最大の課題であることも事実だ。近頃はクラウドファンディングを利用して調査費用を工面する方法もとられるようになってきた。「スポンサーさん、是非お待ちしております」である。

海外に目を転じてみよう。1982年に引き揚げられたイギリスの「メアリー・ローズ号」の場合には、1979年、チャールズ皇太子（当時）を総裁とする「メアリー・ローズ号財団」が結成され、各界から寄付が集められた。プロジェクトの総額は3500万ポンド（当時のレートで150億円以上）というから驚きだ。

世界的な権威であるジョージ・バス博士の研究所と米テキサスA&M大学が1984年から実施したトルコの「ウル・ブルン難破船」の発掘調査は、主としてアメリカのナショナル・ジオグラフィック社が資金の後押しをする。研究所では、専用調査船を保有、キャンプ設営などすべて自前でおこない調査費を極力節約しているのは特筆に値する。

1996年、古代エジプトの女王クレオパトラの海中宮殿を探り当てたフランク・ゴディオ氏らフランス・エジプト合同調査隊。成功の裏には、遺跡に興味をもったリヒテンシュタイン公国のヒルティ財団からの強力な資金援助がある。

1991年に筆者も参加したドミニカ共和国に眠るモンテ・クリスティ沈船の発掘調査。

金銭面で支援するのが、地球環境保護団体「アースウォッチ」、コンチネンタル航空、アウトドア用品のコールマン社などユニークである。海外の企業では経済活動のみならず、このように社会貢献に一役買う企業が多い。

一方、アジアに目を向けてみると、お隣の中国、韓国では国家プロジェクトとして国が全面的に支援しており、飛躍的発展を遂げている。「南海1号沈船」や「新安《シナン》沖海船」などはその一例である。韓国では専用調査船をも保有する。羨《うらや》ましい環境にある。

若狭湾に眠る二度改名の沈船

福井県から京都府にかけて、豊かな海の恵みを育む若狭湾には、言い伝えられてきた沈没船伝説がある。その沈船とは、後に「第二氷川丸」と呼ばれた日本海軍の病院船「天応丸《てんのう》」で、終戦直後に舞鶴港沖合で沈められたとされる。この海軍病院船は数奇な運命をたどった。戦後72年となり、海底に眠るその姿が初めてテレビで放送された。

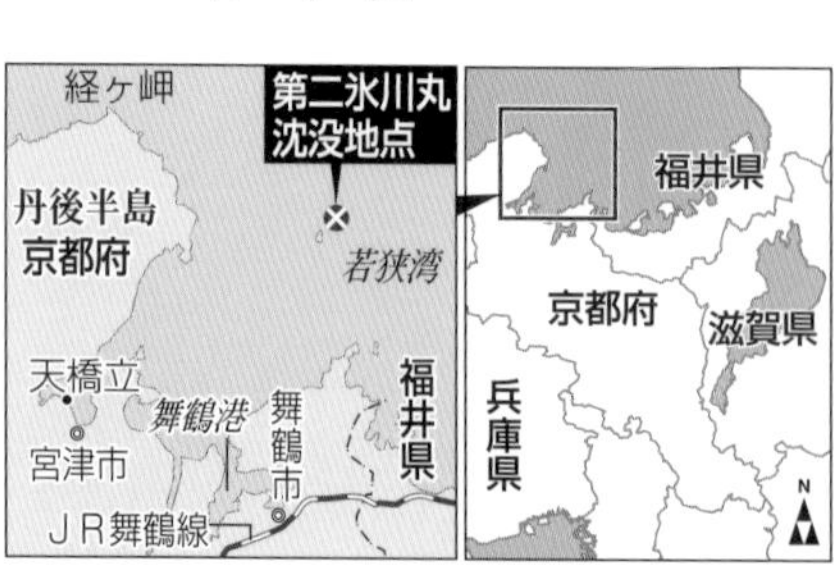

2017（平成29）年8月15日の終戦記念日。NHKが「追跡、巨大沈没船」のタイトルで、若狭湾に眠る謎の沈船の水中映像を放送し、私も取材協力・出演した。考古学者の佐々木達夫・金沢大学名誉教授から「一緒にやりませんか」とお誘いを受けたのがきっかけだった。

主人公は、太平洋戦争勃発後、オランダ海軍に徴用され病院船となった貨客船「オプテンノール号」（全長140メートル）。1942（昭和17）年、インドネシアのスラバヤ沖で日本軍と連合国軍が戦ったスラバヤ沖海戦で、勝利した日本軍が拿捕《だほ》した船だ。その後、日本海軍の病院船天応丸として改装、運航。再度改造して１９４４年11月に第二氷川丸と改名（発音が「てんのう」で不敬との理由）し、引き続き運航したが、終戦直後の１９４５年８月19日に舞鶴港沖合で自沈処分された。病院船を拿捕してはならないという国際条約の違反を責められることを恐れた日本海軍が、証拠隠滅を図ったともいわれるいわくつきの沈船であった。

２０１７年３月下旬、ＮＨＫ福井放送局の取材班ら７人が乗り込んだ「海洋エンジニアリング」（東京都）の海洋調査船は舞鶴港を出港し、若狭湾西部の沖合10キロほどのところに船が沈んだとされる冠《かんむり》島周辺を目指した。

調査船は50分ほどで沈没海域に到着。最初はソナーを海中に降ろし、船らしき凹凸がないか超音波で探ったが、反応はなかった。４時間以上、場所を変えながら探査したところ、モニター室の技術者が「何か怪しいものがでてきた」。モニターを見ると、水深１２０メートルのところで、左舷側に１４０メートルの長さの物体があることがわかった。

水中ロボットを沈めた。若狭湾はプランクトンが多いせいか水の濁りが強かったが、突然、鉄製の巨大構造物が見つかった。構造物は所々サンゴに被われている。カメラを懸命に操作すると、左舷を上に横倒しになった船が見えた。客船並みの大きさで、丸窓や手すり、それに柱のようなものもある。海洋調査会社の技術者も「正直びっくりしました。これまで数十メートルの小型船を見つけることはあっても、１００メートルを超える船を初めて見ました」と話す。しかも、船の中腹付近には大きな破損口も確認された。

「戦没した船と海員の資料館」（神戸市）の大井田孝さんは、若狭湾で沈んだとされる船の記録や図面と撮影された映像とを照合した。視界不良で全体像はつかめなかったものの、総合的に判断して「第二氷川丸に間違いない」とした。過去の資料では、1本煙突を2本煙突に改装し、船首部分もスマートな形にして「新造船」として交戦国に通知している。オプテンノール号、天応丸、第二氷川丸と名前は変わっても、本来の任務は前線からの傷病兵や避難民の治療や救出であり、だからこそ戦時国際法上保護されるべき船とされた。しかし、少なくとも第二氷川丸となったころには病院船としての任務の傍ら、兵員や軍需物資の輸送など戦時国際法違反の用途にも使用された。それだけ戦局がひっ迫していたともいえるのだろう。

　ＮＨＫの取材に応じた2人の元乗組員は「武器の輸送を行っていた」や「横須賀から患者を装った兵士５００人を乗せ、トラック諸島経由でニューブリテン島の基地に降ろした」と証言。また、三神國隆著『海軍病院船はなぜ沈められたか　第二氷川丸の航跡』（光人社NF文庫）では、「船を自沈させたことも、厳重な箝口令《かんこう》が敷かれていたので、絶対外部には漏れなかった。関係者にとって、真相がバレたら戦犯ものであったからだ」と記述する。

　取材班の調べでは、戦時中、海軍病院船は36隻あったとされる。パラオやフィリピンなどの戦場に向かい、傷病兵の治療に当たった。第二氷川丸は純白の船体に鮮やかな緑のライン、深紅の赤十字マークの目立つ病院船で、戦地に赴いたのだった。当時、日本では珍しかった蛍光灯や大型の冷蔵庫などを備え、「ぜいたくな海の病院」と報じられている。海軍病院船として初めて「日本赤十字社第508救護班」の従軍看護婦も乗船。傷ついた兵士たちを懸命に支えていた。その手厚い看護に、ある兵士は「この船で死ぬなら本望です。海軍に入って以来、こんな看護を受けたのは初めてです」と述べたという。

1945（昭和20）年、シンガポールでの「第二氷川丸」（『海軍病院船はなぜ沈められたか　第二氷川丸の航跡』光人社NF文庫より）

1945年10月、オプテンノール号の所在について追及された日本政府は「船は消息不明である。日本政府は代わりの船を提供する用意がある」と他国に説明していたが、オランダ政府からの何度もの船体返還要求や賠償請求に苦慮していた。他国船の流用、武器や兵士輸送の軍事利用、海軍が自沈させたこと——など、いくつかの国際法違反があったからだ。困難な交渉は1970年代まで続き、日本が「自沈させたことを認め、遺憾の意を表した」ことでオランダ側も折れ、1978年に日本がオランダに「見舞金」1億円を支払うことでようやく合意に達した。

秘密を抱えたまま沈められた第二氷川丸。数少ない水中の戦争遺跡の一つでもある。戦後70年以上が過ぎたが、数奇な運命をたどった海軍病院船は歴史の真実を数多く残したまま、いまだ海中深く眠っている。探査では「第二氷川丸」の船名は確認できなかったが、計測の結果は船長が140メートルであることがわかった。船腹には大小いくつかの穴（丸い穴や四角の穴など）があるのを確認できたが、これらの穴は内部爆発にしては表面がめくれあがっていないため、後日人為的に開けられたものと推測された。一説によれば、第二氷川丸には「自沈時に1万2000カラットのダイヤモンドを含む多量の貴金属が積まれていた」などの噂もあり、数度にわたって金目当てのトレジャーハンターによる沈船調査が行われた経緯がある。穴はその時に開けられた侵入用の穴だったのだろう。

いろは丸が海底から明かす坂本龍馬のハッタリ

１８６７（慶応３）年、幕末の志士、坂本龍馬と海援隊が乗る蒸気船「いろは丸」（１６０トン）は、大阪へ向けて長崎を出港した。ところが、4月23日夜半、瀬戸内海で紀州藩の蒸気船「明光丸」（８８０トン）と衝突し大破。その後明光丸はいったん後進していろは丸から離れたが、再び前進して再度「いろは丸」に衝突し、これが沈没の原因となった。龍馬と隊士たちは全員明光丸に乗り移ったが、いろは丸は鞆《とも》の浦へ曳航《えいこう》される途中で広島県福山市走島《はしりじま》町宇治島南方沖の海底に沈んだ。

最初に海援隊士を怒らせたのは、明光丸が、海援隊士を鞆の浦に上陸させると、そのまま急いで出航しようとしたことだ。龍馬も腹を立てたが、「明光丸に斬り込みをかける」と息巻く隊士たちをなだめて「それよりも賠償金をとろう」と言ったという。こうして慶応3年5月15日、日本最初の〝海難事故〟の賠償交渉が長崎で始まった。相手は名にし負う紀州藩、つまり紀州徳川家だ。幕末、威勢衰えたりとはいえ、葵の御紋にはまだまだ強大な威力があった。こちらは、田舎の土佐藩。

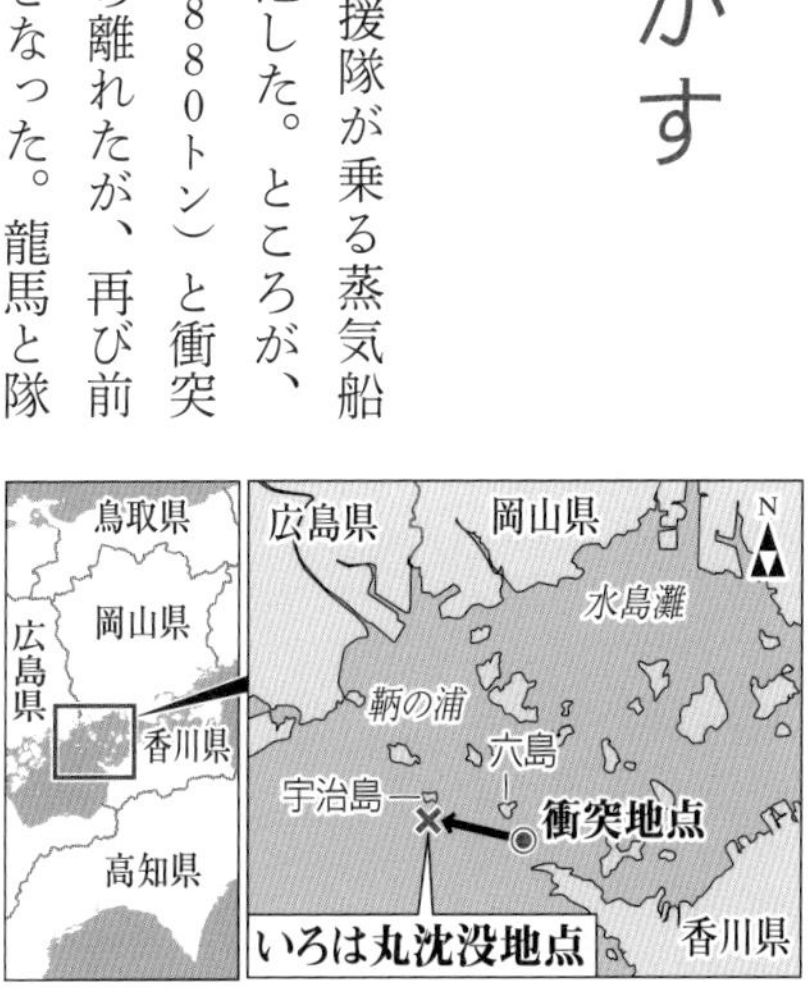

しかも、藩の所有船ならばともかく、お尋ねものの脱藩浪人の集団がよそから借りてきた船にすぎない。まともに交渉したのではとうてい勝ち目はない。だが事故当夜、明光丸の甲板には見張りの士官が一人もいなかったことに気づいた。これは明らかな国際法（海上航海法）違反であり、この点で争えば勝つと信じた龍馬は、交渉の席上に「航海日記」「海路図」などとともに「万国公法」を持ち込んだ。鮮やかな交渉だった。国内の事件を万国共通の法律で解決しようとしたのである。

土佐藩の下級武士だった龍馬は、江戸での剣術修行中に幕府の海軍奉行で開国派の勝海舟と出会い、その進歩的な考えにすっかり魅了され、弟子となった。師匠の勝に伴われ、龍馬が初めて長崎を訪れたのは、１８６４（元治元）年のことといわれている。勝は幕府の軍艦「咸臨丸」で太平洋を渡り、米国を実際に見てきた人物である。世界の広さや外国人を追い払おうとする攘夷《じょうい》思想の無謀さを説いて、もっと世界に目を向けて積極的な貿易を行い、国力をつけなければいけないということを龍馬に話していたとされ、龍馬はまだ見ぬ西洋文明や考え方に胸を躍らせていたという。

国内で唯一、海外と貿易を行っていた長崎は、龍馬にとって「世界」とつながる場所であった。その後、勝直伝の海軍技術を薩摩藩士に伝えた龍馬は、１８６５（慶応元）年5月、幕府機関であった神戸海軍操練所の解散に伴い、薩摩藩をスポンサーに日本初の商社「亀山社中」を立ち上げた。その亀山社中初の大仕事は、薩摩藩の名義で長崎のスコットランド商人・グラバーから武器や軍艦「ユニオン号」を購入し、長州藩に送ることだった。当時、幕末の権力争いなどから、薩摩藩と長州藩は犬猿の仲であったが、亀山社中はこの大仕事のおかげで後に幕府を打倒する一大勢力「薩長同盟」の締結に大きな役割を果たし、明治維新へのきっかけをつくった。後の1867年4月には、龍馬の脱藩が許され、土佐藩に付属する外郭機関として「海援隊」と改称された。

長崎市歴史民俗資料館の調査で発見された「いろは丸」とみられる絵図（公益財団法人鍋島報效会所蔵／佐賀県立図書館寄託）

このいろは丸を取材するため、2017（平成29）年9月上旬、呉市での講演会の帰路、昔ながらののどかな風景を残す福山市鞆町《ともちょう》を訪れた。

いろは丸の発見は、この地域に伝承される「唐人船が沈んでいる」を信じた町おこしグループの〝素人調査〟から始まった。1988年、この「鞆を愛する会」が中心となり、福山市の沖合（水深27メートル）の海底から1隻の沈没船を発見した。この船がいろは丸として、当時、新聞各紙が報じて話題を集めた。

これを受けて「水中考古学研究所」（現・NPO法人水中考古学研究所）が潜水調査を実施し、海底に埋まった鉄製の船体を確認。滑車など船のパーツや燃料用の石炭、陶磁器類が引き揚げられ、積載品の種類や年代がいろは丸の記録とほぼ一致することがわかった。

海底の調査は度々行われ、2005年には、民放テレビ局の協力で、第4次調査を実施。これまでの調査成果とあわせて、いろは丸の船体は、全長36・5メートル、幅5・6メートルであることが確認された。

水中考古学研究所の吉崎伸《しん》理事長は、「海底の発掘は、潜水したダイバーがエアリフトと呼ぶ水中ポンプを用いて砂泥を吸い上げながら、埋没した船体を掘り起こした。作業は、台船上のコントロール室に置かれたモニターや水中電話を通じて調査員が指揮し、必要に応じて潜水する方法で行われた」と述べる。

水中調査は、水深があり、劣悪な透明度といった自然環境のほか、高い障壁があった。というのも、海域は航路帯に近い位置にあったため、調査台船をそのまま夜間係留できず、毎日片道2時間をかけて鞆港と往復せざるを得なかったうえ、「警戒船で常に周囲を見張り、接近する船に注意を促す」などの苦労があったともいう。

文献によると、いろは丸は伊予大洲《おおず》藩から海援隊が借用していたものだが、もとは1862年に英国ギリーノックで建造された「サーラ号」という名の蒸気スクリュー船であったとされる。鞆町にある「いろは丸展示館」の展示資料では、鉄鋼関連の研究所の鑑定結果として、引き揚げられた鉄材は19世紀のもので、リンとチタンの含有量からヨーロッパ産の鉄鉱石から製造されたとしている。

顔料として使われる朱を収納した木箱も見つかった。朱は水銀と硫黄の化合物で、江戸時代に絵画、漆器、建築塗装、医薬品として広く用いられ、多くは輸入品であった。分析の結果、この朱は中国福建省周辺で産出し、琉球や薩摩を経てもたらされる「琉球朱」に近いことがわかった。

いろは丸から見つかった磁器製ドアノブ。座金には「WHITEHOUSE'S.PATENT.BIRMINGHAM」と刻印されている（水中考古学研究所提供）

　また、鮫皮を貼り付けた台座もあった。鮫皮はエイの皮の総称で、江戸時代に刀の鞘《さや》や柄《つか》の材料として、オランダ東インド会社を経てシャム（タイ）やカンボジアなどから長崎に輸入されていた。長崎には鮫皮を専門に扱う鮫屋があり、大阪、京都には鮫問屋が集まっていたという。朱と鮫皮は当時の長崎貿易における収益力の高い品で、龍馬と海援隊が目指した交易の様子をいまに伝えている。

　わが国初の海難審判事故といわれる「いろは丸事件」。特筆すべきは積み荷の小銃だ。海難審判の席上、龍馬が紀州藩に対して行った賠償請求の中に、最新式のミニエー銃４００丁が含まれており、積み荷代金の多くを占めていた。龍馬は前述のように当時の国際法「万国広（公）法」に基づき、紀州藩に過失を認めさせ、約８万両ともいわれる多額の賠償金を得ている。この小銃の行方は

福禅寺対潮楼からみた「いろは丸」衝突の海域（筆者撮影）

どうなったのであろうか。

吉崎氏は「結果からいえば、これまで4回の調査で、銃は1丁も発見されていない。それどころか一片の部品も一発の銃弾さえも見つかっていない。船体がすでに朽ち果てた可能性を考慮しても、まったく痕跡が認められないというのも不可解である。存在しないことを証明するのはきわめて難しいが、現状では小銃は積まれていなかったと考えるのが自然であろう。とするなら、龍馬は積まれていない小銃に対する賠償金を請求したことになる。いろは丸の水中考古学調査は、「いろは丸事件」での龍馬一流の策士ぶりを改めて浮き彫りにすると同時に、隠された真実を暴いてしまったともいえるようだ」としている。

龍馬たちと紀州藩が談判したという同町の「福禅寺《ふくぜんじ》対潮楼《たいちょうろう》」からは、いろは丸が衝突した現場海域を見渡せる。また、いろは丸から回収された船体部品や装備品、生活用具などの品々は、鞆港前の「いろは丸展示館」に収蔵、一般公開されている。大政奉還、龍馬没後から150年余。日本の夜明けを夢見て活躍した龍馬ら志士たちの熱い息づかいが、いまにも聞こえてきそうだ。

南海1号 まるごと引き揚げプロジェクト

シルクロードというと「広大な砂漠をラクダに乗って進む」イメージがある人も多いかもしれないが、「海の路」があったことをご存知だろうか。ラクダの背よりもはるかに大量輸送が可能であった船による交易のネットワークだ。古代海上シルクロードの中継港だった中国広東省陽江市。南シナ海に臨む海陵島にある「広東海上シルクロード博物館」には、２００７年に引き揚げられた南宋時代（１１２７～１２７９年）の遠洋交易船「南海１号」が丸ごと収められている。その姿を一目見たくて２０１８年11月下旬、羽田から飛行機と長距離バスを乗り継ぎ、その海陵島を訪れた。

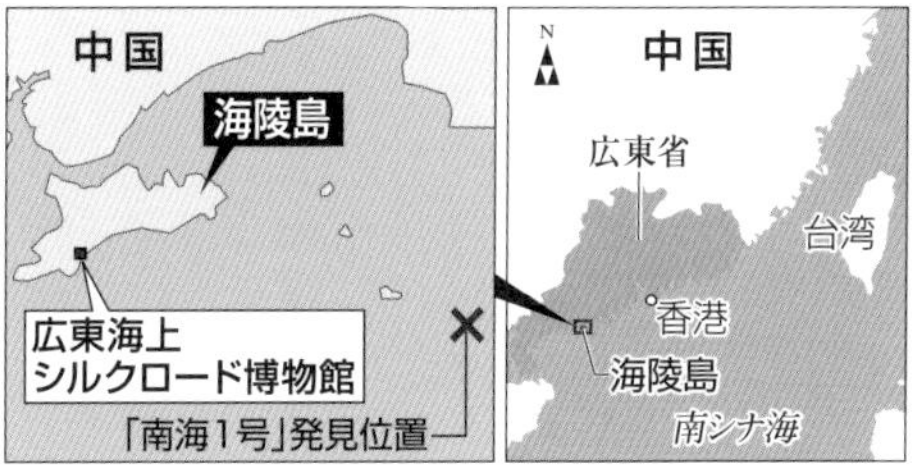

１９８７年、海陵島沖で広州市海難救助局と英国企業が合同で「東インド会社の沈没船」を探査中、偶然にも海底の泥に埋まる沈没船を発見した。その時の作業で、宋・元時代の陶磁器や宋時代の銅貨や錫器《すずき》、鍍金《めっき》製品などが引き揚げられたことで、南宋時代の沈没船と報じられている。中国

南海1号の船倉に積み込まれた陶磁器類の発掘風景（広東海上シルクロード博物館提供・筆者撮影）

南海海域は、地中海、カリブ海と並んで世界でも有名な「三大沈没船の墓場」の一つであり、その広い海底にはおよそ２千もの船が沈んでいるともいわれている。当時、中国は水中考古学の実践経験をもっていなかったため、１９８９年８月、国務院の認可を経て、当時の中国歴史博物館と日本の水中考古学研究所が共同で「中日連合中国南海沈没船調査学術委員会」を設立、この沈没船を「南海１号」と命名した。だが、長い歳月や海水の浸食によって船体の傷みが激しく、「先に貨物を取り出し、後から船体を引き揚げる」というこれまでの伝統的な引き揚げ方法では、沈没船の２次破壊をもたらしてしまう恐れがあったため、20年にわたり海底に放置されていた。

２００７年4月、周囲の砂泥と一緒に巨大な鉄製の箱に入れて、水に浸した状態で引き揚げるという世界でも類を見ない南海１号の丸ごと引き揚げプロジェクトが正式に始動し、引き揚げられた船は、特設された広東海上シルクロード博物館に移された。

水中で８００年以上眠っていた南海１号は、汚泥の除去を終え、内部の発掘および文化財の収集の段階に入っている。訪問日の当日、博物館側の特別の計らいで、発掘中の現場を見せてもらうこ

南海1号から見つかった竜紋入りの金環（右）と白磁の壺（広東海上シルクロード博物館提供・筆者撮影）

とになった。というのも、博物館の責任者と福岡からの大物研究者ら３人は既知の間柄で、私もその仲間として途中から合流させてもらったからだ。

調査チームの責任者でもある中国国家文物《ぶんぶつ》局水中文化遺産保護センターの孫鍵《そんじぇん》氏の案内で体育館にも似た大きな施設に入ると、まばゆいばかりの照明のもと、現地研究者らが、船上に山のように堆積した積み荷の陶磁器類の調査を行っていた。この沈没船を一目見れば、発掘者ならずとも、その文化的な重要性がわかり「まさに宝船だ。ワーオ！」と思わず歓声をあげてしまう。

すでに甲板から上の部分は腐って失われていたが、船体下部は保存状態もよい。南海１号は、長さ約22メートル（推定船長30・4メートル）、幅９・９メートル残っており、尖った船首と方形の船尾、外板を重ねた構造などから、遠洋航行に適した「福船型」とされる。間近で見ると、圧巻の迫力で「その寸法以上に、途方もなく大きい」というのが実感だった。積み荷満載の船倉は14に仕切ら

広東海上シルクロード博物館に飾られた皿や瓶、壺など（広東海上シルクロード博物館提供・筆者撮影）

れており、3本マストの船でもあったようだ。

　翌日、私たちはガラス張りの回廊に沿って、金の指輪やブレスレット、青磁や白磁の皿や碗、漆塗りの器など引き揚げられた展示品の数々を見学した。国宝級のものも少なくなく、見ているだけでワクワクする。これまでに福建諸窯や景徳鎮窯などの優美な中国陶磁などを中心に金・銀・銅・鉄器、貨幣など文化財数万点の文物が引き揚げられている。

　孫氏は「沈没した地点は、広東省の中部から西部への海上交通の主航路に当たり、古代中国から西洋諸国へ向かう『海上シルクロード』の要衝でもある。船に積み込まれた大量の金・銀・銅などの硬貨は、宋の時代の高度に発達した商品経済が既に海外貿易システムに浸透していたことを示している」と話す。

　この船はどこへ向かっていたのか。博物館側は福建省泉州の港を出帆《しゅっぱん》し、積み荷を満載して西方へ向かう途中で遭難したと推測する。乗船者の所持品と目される金箔のベルトや象眼を施した指輪、腕輪など西域《せいいき》風の遺品に加え、コブラの骨なども見つかったことから、福建商人のみならず南アジアから西アジア域の商人も乗り合わせていたようだ。「人民日報」(日本語版)によれば、2019年8月現在、搭載貨物総量は18万点と報じられている。発掘や整理が完了するまでには数十年かかるとみられる。

習近平国家主席は陸と海の現代版シルクロード構想「一帯一路」を提唱し、中国国家文物局は2017年、泉州や広東省広州など8都市31遺跡を海上シルクロード遺跡群として、世界文化遺産の国内推薦候補とすることを決めている。南海1号も関連遺産となる見通しと聞いていたが、いまのところないようだ。

世界的にも珍しい大型の水中考古学博物館、「広東海上シルクロード博物館」は2009年に開館、一般公開されている。無限の価値を秘めた「南海1号」沈船は、古代海のシルクロードの解明に大きな一石を投じることになるだろう。

ローマ皇帝の絢爛リゾート バイア海底遺跡

「バイア水中公園」をご存じだろうか。海没した古代ローマ時代の都市遺跡を公園化したもので、ここには、ローマ時代の軍人カエサルやアントニウス、そして「暴君ネロ」ら歴代皇帝の別荘があったとNHK・Eテレの番組（地球ドラマチック「古代ローマ　陰謀と退廃の街～海に沈んだもう一つポンペイ～」）で紹介されていた。湾内からは新たに「生簀《いけす》」も発見されており、ウニ、カキ、ムール貝など魚介類の養殖も盛んに行われていたらしく、食材も豊富だったようだ。さぞ宴会も豪勢だったろう。

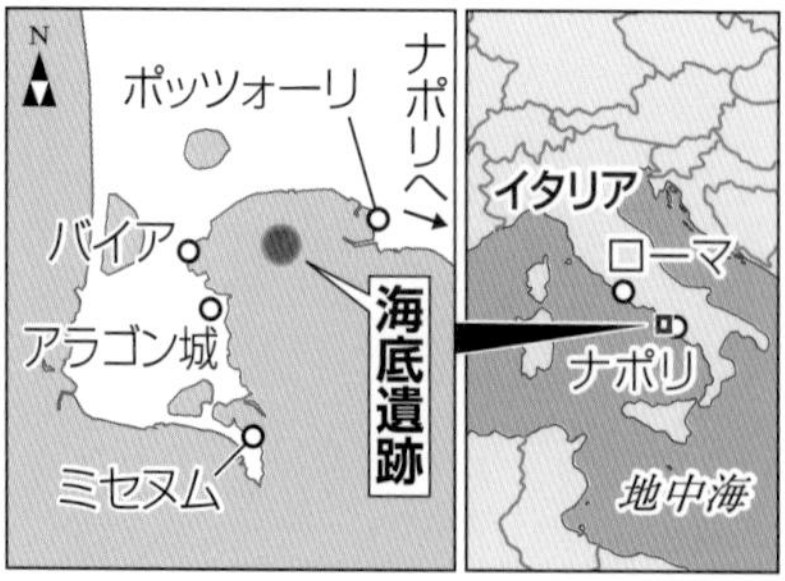

イタリア半島ナポリ湾に面したバイアは、古代地中海世界で最も著名な湯治場であり、リゾート地であった。温暖な気候と風光明媚な海岸の町として、紀元3世紀の終わりまでローマの貴族階級や皇帝一族からこよなく愛された場所でもある。だが、4世紀頃からの海岸沈下に伴い、この古代の歓楽地は徐々に水没していった。海底遺跡の一般公開としては、最も先進的な例の一つであり、

海に沈んだ古代都市を見学できる観光地として世界的に知られる。

「バイア海底遺跡」はナポリの中心街から西へ海沿いに約15キロ離れた位置にある。付近のバイア城からは、紀元79年に都市ポンペイを廃墟に追いやったベスビオ火山をはるかに望むことができる。海底遺跡はいまのバイア港からポッツォーリまでの海岸付近一帯に広がっており、無数の建造物からなる。1956年、バイア上空からイタリア空軍のパイロットが撮影したことで発見され、大きな話題となった。1969年、この海底から2体の大理石像が見つかった。これらは有名なギリシャ神話にある盲目の主人公の像と確認できるものだった。

その後、1980年代には海底の発掘調査が行われ、「ニンファエウム」(噴水があり花や彫像で飾られたローマ時代の建物)として設計された「トリクリニウム(宴席部屋)」と思われる大きな長方形の建物が現れた。前述の2体の大理石像はこれに伴うものであることがわかった。以後、継続した発掘調査が行われている。近年では、マルチビーム・ソナーを使った海底遺跡地図もつくられており、全体像を俯瞰《ふかん》することができるという。

バイア海底遺跡はイタリア環境省によって、2002年8月に水中公園として創設された。遺跡はA、B、Cの3つの保護ゾーンに分けられている。最も規制が厳しいAゾーンは許可なく行える行為はほとんどない。水泳も禁止だ。Bゾーンは水泳、ダイビング、手漕ぎボートによる移動が許可されている。Cゾーンは、許可されている行為はBゾーンと変わらないが、船のアンカリング(錨を下して海上にとどまること)や航行、停泊などは条件付きで許可されている。

バイア海底遺跡のモザイク床（野上建紀氏提供）

出土した遺物は大理石像、ガラス製品、アンフォラなど土器のほか多数にのぼるが、多くは回収されて、バイア城内の考古学博物館に収蔵・展示されている。遺構の主な材質は石、レンガ、漆喰などであるが、何も手を加えないことを基本原則としている。

バイア海底遺跡では遺物はむろん、動植物の採取も禁止されている。そのため、遺構に付着した海藻であっても除去が許されないなどの厳しい保護措置がとられている。

バイア水中公園の管理は、バイア城内にある公園管理事務所が行っているが、これとは別にダイビングセンターが港の波止場に設けられている。

遺跡の見学方法は、ガイドと一緒にスキューバダイビングで見学する方法、船底がガラスになっている船で見学する方法、専門ダイバーが撮影する生の映像を見学船上のモニターで見学する方法の3通りがある。

見学エリアの水深は最大で6メートルくらいで、透明度の良い時には20メートル先まで見えるという。古代ローマ時代の都市遺跡の面積は約２００平方キロメートルあり、邸宅や公衆浴場、小さな商店群、石畳の通り、「アトリウム」と呼ぶ中庭を備えた大広間やモザイク床、レンガ積みの円柱、石積みの壁などを見ることができる。

海底遺跡の各所には説明板が設置されている。オリジナルの石像は引き揚げられてバイア城考古学博物館に収蔵されているが、代わりにレプリカが設置されていて、ダイバーを楽しませてくれる。

バイア城内の考古学博物館には、バイア海底遺跡の海底の状況をイメージした「ニンファエウム」の展示がある。長方形の建物に半ドーム形の屋根が設けられており、後部には神話の主人公の大理石像が置かれ、床の中央にはプールがあり、その周りを寝台が取り囲んでいる。プールに料理やワインを浮かべて宴会が催され、人々は寝そべって酒食を楽しんだという。なんとも贅沢といおうか、退廃的といおうか……、なかには、飽食、泥酔い、あるいは大騒ぎを伴う粗野なものもあったと思われるが、大方は洗練されたものであったようだ。

私は２００３年、一瞬にして火山灰に埋もれ廃墟の町と化したポンペイを訪れた。街の東西を貫く大通り沿いには商店や大邸宅が並び、石畳の車道には当時の馬車の轍《わだち》が残る。現地の陽気な男性ガイドが、当時25軒ほどあった娼館の一つを案内してくれた。石の寝台がある小部屋が並び、壁にはエロティックな絵が描かれていた。距離的にはそう遠くないバイアにもこのような歓楽街があったのだろうか。

古代ローマの繁栄と偉大さの片鱗をうかがい知る格好の水中遺跡であるバイア海底遺跡は、現在も発掘中だ。ここにも多くを引用させていただいたが、2007年に現地で潜水し「バイア海底遺跡見学記」という論文をイタリア人考古学者と共同で書いた長崎大学多文化社会学部の野上建紀《たけのり》准教授は、その時の印象を次のように話してくれた。

「海底遺跡は水深が浅いため、海底でも波の影響やうねりを感じる。遺構面は石などが敷き詰められている部分が多いが、その上を白色の砂が覆っている。水中ドレッジを用いた発掘を体験させてくれた現地考古学者のニコラ・セベリーノ氏は私の手をとり、落ちていたアンフォラの把手を拾うよう促してくれた。はるか日本から訪ねてきた私への温かいもてなしだった」

さんさんと降り注ぐ太陽と海。雄大なベスビオ火山をバックに美しいナポリ湾に抱かれたこの水中公園を私もいつの日か訪れたい。

コラム

遺物の保存と活用

発掘調査では、引き揚げ後の保存処理が欠かせない。水中の遺跡は、特に砂泥に埋まれば完全な無酸素状態となるため、地上の遺跡ではまったく残ることのない有機質の遺物などがそのまま発見されることがある。ところが、空気中に引き揚げた遺物は、放置すると腐食が進み、遺物そのものの崩壊が起こる。長い歳月、水中にあった遺物はきわめて脆弱《ぜいじゃく》な状態にあり、大気にさらすための適切な処置がなければ、歴史的に重要なデータは失われ、遺物はがらくた同然の価値のないものになってしまう。それを防ぐための対処法が、保存処理なのだ。

●遺物の保存処理

海中から引き揚げられた遺物はまず、脱塩と脱水の処理が必要だ。保存の前段階としては、遺物を覆った岩盤やその他の付着物をハンマーで叩いて解《ほぐ》し、沈着物を取り除き、脱塩水槽に入れるが、その材質によって処理液も変わる。

1 有機物

代表的なものが、沈没船の船体などを構成する木材。植物の細胞壁や繊維を構成するセルロース（繊維素）が傷んでいるため、復元も難しい。木材の保存によく使われるのがポリエチレングリコール（ＰＥＧ）という特殊な溶液だ。ＰＥＧは常温で固形となり、化学的にも安定した扱いやすい物質なので、皮革類にも使われる。布やロープ、動物の骨や人骨などの保存処理は、脱塩処理後に、シリコンオイルや合成樹脂で補強する。

2 無機物

土器、陶磁器、石製品などは水中でも安定しているので、ブラシでクリーニング後、水道水で洗浄する程度の処理でよい。だが、乾燥すると塩分が結晶化し、遺物を壊してしまう恐れがあるので、水槽に長時間浸して脱塩しておく方が無難だ。ガラス類は、弱酸性の溶液で洗い、最後にアルコールで乾かす。

金属の中で最も保存しやすいのが金と銀で、特に金は塩酸にも溶けないので非常に安定している。最も処理が難しい鉄は、水中で急速に錆《さ》び、海水と反応して外側に硬い殻（凝固物）をつくり、内側の鉄が溶けてしまって中が空洞になる。物体の中身を確かめるために、レントゲン写真を撮ることもある。この空洞に樹脂を流し込んで取り出せば原物を復元することができる。鉄の形が残っていれば「電解還元法」で錆《さび》を除去する。最後に酸化防止のためワックスに軽く浸して保護膜でおおう。銅の還元も同様だ。

●現地保存とモニタリング

水中で現地（原位置）保存の対象となるのは沈没船などの大型遺物だ。本文で紹介のスウェーデンの戦艦「バーサ号」やイギリスの「メアリー・ローズ号」などは一隻丸ごと引き揚げられている。「あとがき」にも記したが、このような大型の遺物を保存するには、体育館のような巨大な施設や長期の保存期間、そしてなにより膨大な費用が必要となる。

一方、水中で長期に現地保存するためには、船体が劣化しないような環境をつくり、海底の環境変化を観察するためのモニタリングが必要となる。日本では沈没船が初めて発見された北海道江差町の「開陽丸」の船体に銅網を被《かぶ》せて保護したのが最初の例だ。長崎県鷹島《たかしま》沖海底から、２０１１（平成23）年（鷹島1号沈没船）と２０１４年（鷹島2号沈没船）に見つかった元寇沈没船は現在、海底に原位置保存されて、木材などの生物学的劣化や金属の錆化などを記録するモニタリングが続けられている。

保存処理は高度な専門的知識と技術とを必要とするので、それぞれの専門家に委《ゆだ》ねるのが最善の方法だ。遺跡発見のドラマに比べると、保存処理は地味なものに見えるかもしれないが、遺物は十分な科学的保存処理を施すことで、その後の調査・研究・展示に供することができるのだ。

◉水中遺跡の活用

水中遺跡となると、なかなか見に行くことができない。それをいかに「見せるか」が課題でもあった。活用事例としては、例えば、本文で紹介のイタリアの「バイア海底遺跡」、エジプトの「アレクサンドリア海底遺跡」などでは、スキューバダイビングや船底がガラスになっている船などを利用して一般人に公開するツアーを実施している。日本でも、アジア水中考古学研究所が自らが掲げた「海底遺跡ミュージアム構想」（水中公園化）の一環として、2007年に長崎県の小値賀島《おぢか》での見学会を開催している。遺跡を見学するというこのスタイルは、水中遺跡ならではの文化財の活用法ともいえよう。

14世紀の東洋交易 韓国・新安沖の沈船

1976年早春、韓国南西部の新安沖《シナン》で大量の陶磁器を積んだ沈船の存在が確認された。海底からは14世紀の中国の青磁や青白磁、白磁といった陶磁器類や銅銭などに加え、日本の下駄《げた》や日本刀、京都の「東福寺」と記された木簡なども見つかっており、この沈船は、当時の中国、韓国、日本を結んだ貿易や船の構造などの研究に、多大な情報をもたらした。

この発見は1975年、漁民の網に青磁の仏像や花瓶など中国宋・元代の陶磁器が掛かりだしたことに端を発する。だが、当時の漁民らは仏像などが不吉なものと思い、海に捨ててしまった。もし、その仏像が完全な形のままだと、数千万円という貴重なものだった。それだけに海底盗掘団が暗躍し、百数十点の焼き物を引き揚げては、闇売りするなどの事件が相次いだ。危機感を抱いた韓国文化財管理局は、海軍潜水班の協力の下に、大規模な海底調査団を結成した。

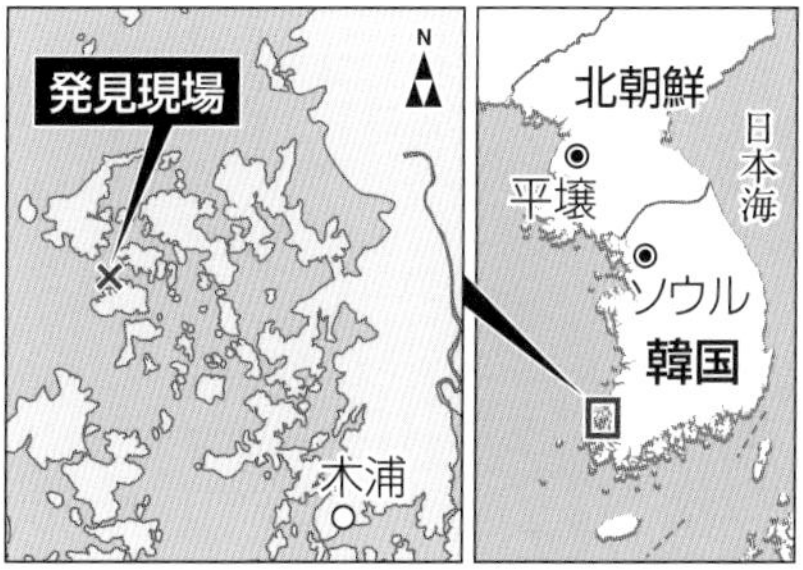

新安沖の海底沈船から見つかった木簡（野上建紀氏提供）

1976年の第1次調査から1984年の第10次調査まで、9年間に動員した海軍ダイバーは延べ9896人、潜水時間は延べ3474時間にのぼった。調査地点の水深は20～25メートルくらいだが、黄海に面する海域は潮流が速く、海中の視界が泥によりゼロという悪条件が重なるため、調査は困難を極めた。

韓国では、それまで水中考古学の調査の経験が皆無だったため、重要沈船の発見を前にして、潜水は海軍のプロに任せざるを得ず、直接指揮できない考古学者は歯がゆい思いであったという。1977年の発掘調査では、私も親交が深い米テキサスA&M大学水中考古学研究所職員のドナルド・H・キース博士がアドバイザーとして招かれている。

海底の泥の中に残されていた船体下半部から、全長約30・1メートル、幅9・4メートル、深さ4メートルと推測され、すでに紹介した「南海1号」沈船とほぼ同じ大きさである。船体を仕切る7枚の隔壁構造、V字型の船底、大型の竜骨外板の張り方など中国船の構造的特徴を備えている。船の構造に加え、中国南部特産の船材が一部に使われていることから、中国で建造された船とみてよいだろう。

国立海洋文化財研究所に復元展示されている新安沖海底沈船（野上建紀氏提供）

海底からは、14世紀の中国龍泉窯青磁や景徳鎮窯の青白磁、白磁などの陶磁器類約2万点、土器類2300点、銅銭28トン、金属製品700点、紫檀《したん》木千本、高麗青磁7点、そして竜骨を含む船体の部材片約400点などが引き揚げられた。

陶磁器を中心に積載された主要な品々のほとんどが、運搬用の木箱に納められていた。これらの木箱には、持ち主を即座に識別できるように、外面に墨書きで「大吉」など漢字で表記されたものや符号で示されたものも多くあった。韓国国立海洋文化財研究所（木浦《モッポ》市）のム・ビョングン氏は報告書のなかで「新安沈没船は高価な品物を運んだ船であったため、積載も特別な方法で行われていた」とし、日本で開催された「東アジア中世海道—海商・港・沈没船」という企画展の史料では「中身が入ったままの箱が、長い年月を経たにもかかわらず、もとの位置を保って船倉に残されていたことに驚く」と記している。

また、日本の下駄や日本刀、将棋の駒、日本独自の硯《すずり》なども見つかり、この沈船に日本人が乗り組んでいたことを物語る。

引き揚げられた銅銭は枚数にして800万枚。銅銭は当時、日本では鋳造されず、もっぱら輸入に依存していた。この時代の日本では、銀や銅に比べて金の価値が相対的に低く、比較的安値で金を買えた。反対に、中国では銀資源は豊富であったが金の産出量が少なく、当時、北京での金の市場価格は、京都の十数倍であったという。つまり、日本の砂金を中国で銅銭と換えるだけで、莫大《ばくだい》な利益が得られたわけである。

木簡は船荷の所有者や商品名などを表す荷札だ。荷主名の中で特に多いのは「綱司《こうし》」で、京都の「東福寺」や博多の「筥崎《はこざき》（宮）」と記された木簡とともに、「八郎」「とう二郎」「道阿弥」「教仙」といった商人、僧侶の名もあった。中世東アジア諸地域の交流は、海商や僧侶たちが主導しており、この船は神社仏閣のほか多くの商人が資金を出し合って仕立てた船でもあるようだ。「東福寺」と「筥崎宮」は、1319年、1310年にそれぞれ火災に遭っており、その復興資金を得るための寺社造営料唐船との説もある。荷札などから、この船は14世紀初めに、中国の寧波《ニンポー》、高麗、日本の博多の三国間を往来する中国元代の貿易船であることがわかった。

さて、この船はどの国の船なのだろうか。引き揚げられた遺物のうち、青銅の分銅《ふんどう》（秤のおもり）に刻まれた「慶元路」という地名は、揚子江河口の貿易港で、元代では慶元路と呼ばれていたが、次の明代から、現在の寧波《ねいは》港となった。また、木簡に書かれた「綱司」自身の実名は明らかとなっていないが、中国との太いパイプを持ち、この貿易船の船長や船主のような立場で、博多などに居住していた中国系貿易商人とみられる。これにより国籍は元と推定、日本でも朝鮮でもないという見方が強くなっている。

引き揚げられた品々は、当初、国立中央博物館に保管・展示されたが、発掘遺物の現地での展示を望む地域社会の要望から、現在では、韓国の国立光州《こうしゅう》博物館にもその一部が常設展示されている。往時の中国、韓国、日本を結ぶ貿易航路および貿易品、対外交渉史研究に幾多の情報を提供するものとなった。

また、この時代の東洋の船については、これまで文献や絵画からの資料に基づいて推定するしかなかったが、当時の船体構造を知るうえできわめて重要な資料となった。沈船は、前述の国立海洋文化財研究所で復元・展示されており、私も１９９５年に学者仲間らと見学したが、「生でじかに見る迫力」はまた別次元の世界であった。

千葉沖に沈む サン・フランシスコ号はどこに

1609（慶長14）年9月、スペイン領フィリピン諸島総督、ドン・ロドリゴ・デ・ビベロを乗せたスペインの貿易船（通称「マニラ・ガレオン船」）の「サン・フランシスコ号」が千葉県御宿町《おんじゅくまち》の沖合で沈没した。助かった乗組員らは食料品などを持ち出したが、貴金属などは海に沈んだという。これまで同船は見つかっていない。現在、潜水調査が行われており、新たな発見に期待がかかる。

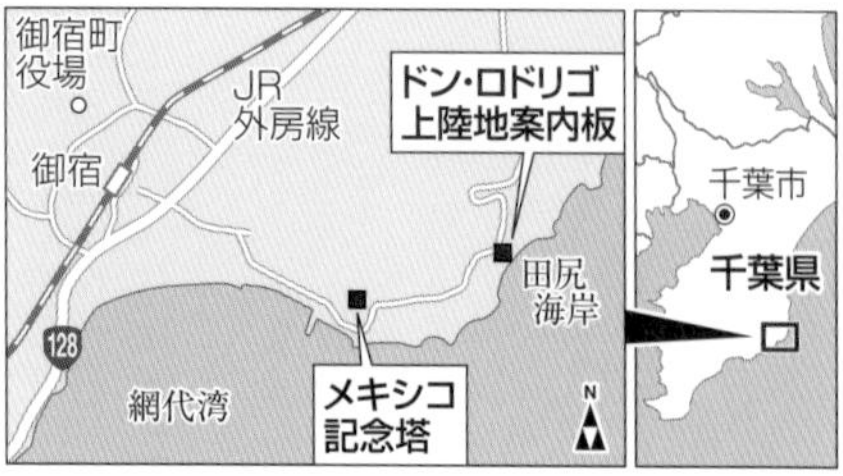

1609年7月25日、サン・フランシスコ号は僚船「サン・アントニオ号」と「サンタ・アナ号」とともにフィリピンのマニラからメキシコのアカプルコに向けて出帆《しゅっぱん》した。ところが、途中で5度の台風に遭遇し、船団はバラバラになってしまった。

サン・フランシスコ号もメーンマストを切り倒す羽目に陥り、漂流すること60日。9月30日未明、上総《かずさ》国夷隅《いすみ》郡岩和田《いわわだ》村にある海岸（現・千葉県御宿町の田尻海岸）の岩礁にぶつかり大破した。乗組員373人中56人が溺死、残る317人は岸まで泳ぎ助かった。やっとのことで持ち出した積み荷は、蜂蜜3樽、マンゴーの砂糖漬け2樽、衣類5樽。あとの貴重な積み荷は、海に流されたり、沈んだりしたという。

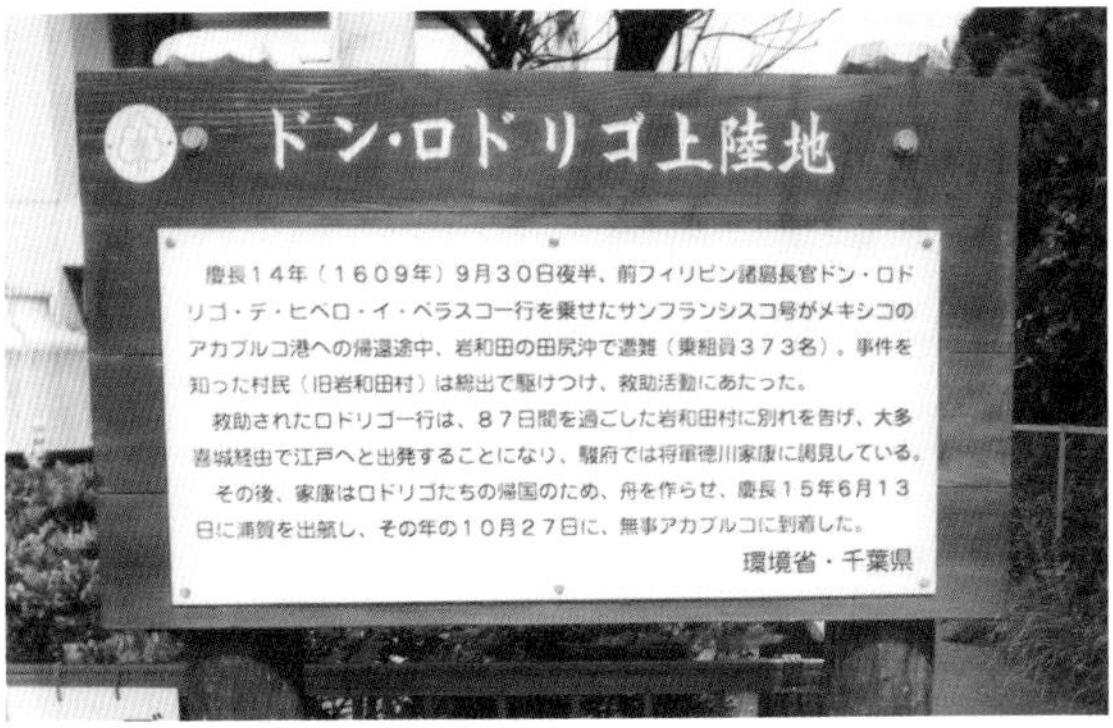

ドン・ロドリゴ上陸地を示す案内板（筆者撮影）

岩和田村民は上陸した一行に宿舎と衣類・食物などを与え救済に尽力した。翌年、ロドリゴ一行は、徳川家康が側近の三浦按針《あんじん》（ウィリアム・アダムス）に命じて造らせた12トン級の洋式帆船「サン・ブエナ・ベントゥーラ号（按針丸）」で浦賀（神奈川県）を出港、無事当初の目的地であるアカプルコに到着し、乗組員は最終的にスペインに帰国できた。この家康の寛大な措置に感謝の意を表すために、スペイン国王は答礼使節団を日本に派遣した。使節団は紆余曲折を経て伊達政宗の庇護《ひご》を受け、慶長遣欧使節団とともにメキシコに帰ることとなった。これらの史実が日本とスペイン・メキシコの修好の契機となった。

鎖国時代を経た明治の初めからこの事実が再認知され、御宿町とメキシコの交流も活発に行われるようになり、1978（昭和53）年、御宿町とアカプルコ市は姉妹都市協定を結ぶに至った。また、同年は「日西墨三国交通発祥記念之碑」建立50

年であり、建立50周年記念式典には、メキシコのホセ・ロペス・ポルティーリョ大統領が370年前の一行漂着に対する御礼も兼ね、御宿町を訪れている。

マニラ・ガレオン船は、16世紀末から19世紀初頭にかけて、フィリピン・メキシコ間の太平洋貿易に活躍した大型のスペインの貿易船である。スペインはその頃、太平洋におけるアジア交易を独占していた。背景には「マニラ・ガレオン航路」と呼ぶ、アジアと米国大陸を結ぶ長大な交易ルートの存在があった。

食料以外の積み荷は、ダイヤモンド、ルビー、エメラルド、メノウ、金の延べ板、麝香《じゃこう》、象牙、生糸、更紗《さらさ》と呼ばれる模様染めの木綿、シナモン、香料など。ロドリゴ・デ・ビベロの『日本見聞記』（1609年）では、その額200万ドゥカド（昔ヨーロッパ各国で用いられた金貨。スペインでは16世紀まで使われ、現在の日本円に換算し約200億円）相当と記す。

1996（平成8）年、御宿町役場が中心となってサン・フランシスコ号の引き揚げ計画が立案された。船体の引き揚げやその復元、メキシコ記念館やメキシコ村建設などを含めた日墨文化交流を行うという壮大なイベントだった。その一環として、大崎映晋《えいしん》氏（元中国文化大学大学院客員教授）が調査を行ったが、具体的成果はあがらなかった。大崎氏は後日、私に「サンフランシスコ号がぶつかったとみられる岩礁付近を近隣の海女さんたちと一緒に潜って調べてみたが、何も見つからなかった」と話してくれたことがある。

サン・フランシスコ号の遭難については、地元の御宿町では広く知れ渡っている。が、その一方で、こと難破した船体や積み荷などについては情報がきわめて乏しい。御宿町の歴史民俗資料館には、海から引き揚げたとされるルソン壺《つぼ》の写真が残されてはいるものの、出所や実物の所在など詳しいことはわかっていない。

御宿町役場に以前から保管されていた金属片数点の腐食が進んで固まり、東海大学などは２００６年、「千葉県立中央博物館分館 海の博物館」の協力で、それらの金属片をエックス線撮影した。

ロペス・メキシコ大統領来訪記念碑。背後の塔は「日西墨三国交通発祥記念之碑」（メキシコ記念塔）（筆者撮影）

だが、博物館のエックス線撮影機材は海洋生物用のものであり、金属片内部を完全に透過するには不十分であったため、凝塊化以前の金属片の形状がどのようなものであったかを明らかにすることができず、これらがサン・フランシスコ号の関連遺物と確定するには至らなかった。また、船の沈没海域も、ＪＲ御宿駅から東へ約３・５キロの田尻海岸であるとの意見で一致しているものの、当該地付近で潜水による漁を長年続けている関係者からは、新たな情報を引き出すことはできなかった。

ところが２０１７年11月２日、東海大学海洋学部の特任講師だった木村淳氏（水中考古学）らがそれまで調

16世紀末から19世紀初頭にかけて航行していたガレオン船
（Cornelis Verbeeck画）

査されたことがなかった沖合約6キロ、深さ39メートルの海底で、直径約12センチ、重さ約2・8キロの「球状の石」を発見した。1600年にフィリピンのマニラ湾で沈んだスペイン船「サン・ディエゴ号」が積んでいた石製の砲弾と酷似していることから「サン・フランシスコ号の大砲の弾ではないかと考えられていたが、近年の検証では、むしろ船のバラスト石（船底に積んで、船を安定させるための重し）である可能性が高いと聞く。

木村氏らの潜水調査は継続しており、沈没場所の特定にさらなる意欲をみせている。船体発見の可能性もあり、今後の調査に大いなる期待をすることにしよう。

伊勢・神島沖に沈んだ伝説のロスト・アイランド 鯛島

幻のアトランティス大陸のように、かつて栄えた文明が大地震により忽然《こつぜん》と消える物語は、古来から人々に不思議な魅力を与えてきた。そんな悲劇的な伝説が日本にもある。水中遺跡と呼ばれるものには「海底に眠る幻の島」も含まれる。日本は地震の多い国。当然その周りの海でも、海底火山の噴火によって新しい島ができることもあれば、逆に沈んでしまうものもある。幻の島は見つかるのか。伊勢志摩地方の伝説「鯛島《たいのしま》」について海底を探る取り組みが中日新聞（愛知県名古屋市）で紹介されている。

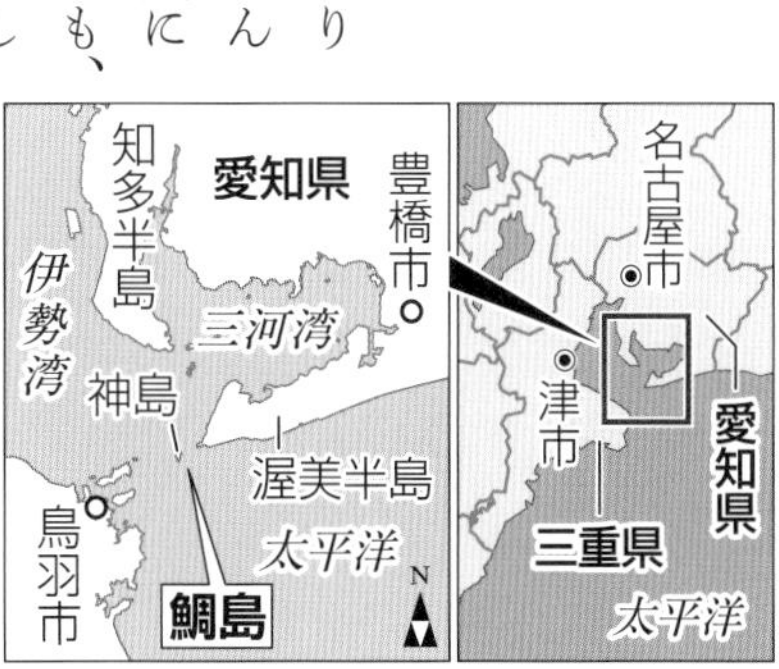

1994（平成6）年11月、三重大学を中心とした「神島《かみしま》沖水没遺構学術調査隊」（隊長・目崎茂《めざきしげ》和《かず》三重大人文学部教授、事務局長・蒲敏哉《かばとしや》中日新聞三重総局記者）は、伊勢湾口にある神島の沖合で、約450年前に地震、津波で沈んだとされる伝説の島「鯛島」の存在を検証するため、現地調査を行った。この伝説の島は神島沖合南方10キロ付近にあったとされ、海上保安庁刊行の海図に「鯛島

三重県神島沖の鯛島礁海底を探査する調査隊員ら（神島沖水没遺構学術調査隊提供）

礁」として記載されている岩礁。広さは南北、東西にそれぞれ約2キロの幅で、ほぼ円形に広がっている。調査隊は目崎教授のほか、中井達郎日本自然保護協会研究部長、ダイビング専門店「鈴木ダイビングサービス」（名古屋市東区大曽根・鈴木勝美会長）のスタッフ、三重大、駒沢大、東北大の大学院生ら総勢18人。ほかに神島漁業協同組合などの協力もあった。

初日は、神島で古来、瓦が漁網にかかる「瓦瀬《かわらぜ》」と言い伝えられてきた海域を、神島漁協の藤原松之さん（当時73歳）の案内で潜水調査。その結果、水深約19メートルの斜面で、「石積み跡」と推測される場所があり、周辺の砂中から瓦の破片2枚が発掘された。翌日は、「石積み跡」が見つかった海域を集中調査。石積みは、自然のままの石を割ったりしながら積み重ね、建物の土台になる部分。海底では、厚さ数センチの幅の石が高さ約2メートル、幅約10メートルにわたり細かく積み上げられた形状で確認された。中井研究部長が探査中に最初に発見した。目崎教授によると、人工的な石積み跡や瓦が発見されたことは、伝説の実証への大きな一歩だという。

鯛島伝説は三重県志摩地方で語り継がれてきた。同地方の歴史地誌を記した「鳥羽史」（明治16

年発行）は鯛島礁について「伝え言う往昔《おうせき》此地神島と陸路相通ぜしが、海嘯《かいしょう》（津波）のため、土地壊裂して孤島となる。故にもと絶えの島と称す。此礁鯛を産すること夥《おびただ》し、故に今の名あり」としている。地震、大津波で海に没して「絶えの島」と呼ばれるようになり、タイがよく釣れるため「鯛の島」に変わったというのが大意だ。

人工物の可能性が高い「石積み跡」が見つかった鯛島礁の水深19メートル地点（神島沖水没遺構学術調査隊提供）

　神島漁協所蔵の古文書や言い伝えによれば、島には「長島村」という集落や善法寺という寺があり、津波で沈む前に住民は神島や知多半島・内海に移住していった。沈んだ時期について中田四朗・元三重大学教授は「享保年間作の「鯛の島日記」から引用したとして、地元郷土誌に古文書の記録として「天正六年寅年」（１５７８年）との記載があり、この年が有力では」と説明。このほか、天文六（１５３７）年とする説もあるという。前者であれば、丁度、織田信長や鳥羽の九鬼嘉隆《くきよしたか》が水軍を率いて活躍した戦国時代と重なる。

　蒲事務局長によれば、アワビとりなどの潜水漁業が戦前から鯛島礁でも行われてきたとはいえ、その遺跡情報はほとんどなかった。やがて前述の藤原氏から鯛島礁の北側に、刺し網などによく瓦の破片がかかるので「瓦瀬」と名づけられた場所があると聞いたという。晴れていれば、海上で自分の位置を確かめる伝統的な手法「山あて」により、その地名の場所に間違いなく案内できるという耳寄りな情報だった。幻の島が現実味を帯びてきた。これがきっかけとなり、前述の学術調査隊が結成された。

調査初日は運良く晴天で波もなく、水温15度、透明度も最高に近かった。藤原氏の案内で瓦瀬に碇を下ろし、水深15メートル前後に調査用のラインを南北方向に張った。1回2、3人のチームで、村の跡や建物などの生活痕跡を、各回40分ほどの海底をはうような潜水で探した。低い岩盤の高まりと砂地の列のへりに、屋敷土台か石積みの一部と思われる遺構が見つかり、2片の瓦を発見した。さらに次の日には、同じ地点から水甕《みずがめ》や大瓦の一部など15点ほどを拾い上げた。

瓦の破片は1回目の潜水で、鈴木ダイビングサービスの鈴木会長が発見。水深約15メートルの白砂から長方形の黒い石状のもの（幅約5センチ、長さ約25センチ）を引き揚げた。2枚目（幅約15センチ、長さ約20センチ）は1枚目の発見地点から、北北西に約50メートル離れた岩礁の間に挟まれていた。そして石積み跡はそのすぐ近くに。「周囲の岩礁とは明らかに異なる。すぐわかった」と日本自然保護協会の中井研究部長は説明する。遺物のうち素焼きの破片は、大型の水甕の一部で、この水甕は愛知県常滑《とこなめ》地方産で、鯛の島が沈没する前に使われていた可能性があることが分かった。

調査隊から分析を依頼された三重大の八賀《はちが》晋《すすむ》教授（考古学）は水甕の破片について、鮮やかな赤土色などから常滑焼と断定。水甕の元々の大きさは上部の直径約62センチ、底部が同約27センチ、高さ約70センチで、口の周縁部の外側にくびれがなく、内部にくびれがある形状から、戦国時代末から江戸時代にかけてつくられたとみられる。目崎教授は「島の生活に水甕は不可欠。実際に鯛島の住民が使っていた可能性がある」としている。一方、瓦の一部は、雨よけのために寺社の屋根の角の部分に使われる、極めて珍しい江戸時代後期のものと分かった。

目崎、八賀両教授は、島が沈んだ伝承の年代と瓦の製作年代がずれていることについて、①船の積み荷が海底に沈んだ　②津波が瓦をこの海域まで流した　③古文書記載の島が沈んだ年代自体の誤り、などが考えられると説明。「さらに多くの遺物を見つけ、理学的な分析も加えて伝承を実証したい」としている。

鯛島礁の海底から採取された水甕破片や瓦の一部を検証する目崎教授（左）と八賀教授

これまでに、国内で海に沈んだ島の調査例としては、梅原猛《たけし》・国際日本文化研究センター所長が1977（昭和52）年、島根県で柿本人麻呂《かきのもとのひとまろ》が没したとされる「鴨《かも》島《しま》」を調査。また同じ年、大分県別府湾でも、伝説の「瓜生島《うりゅうじま》」の調査を加藤知弘・大分芸術文化短大教授が行っている。しかし、いずれも島の位置の確定はなされていない。梅原氏は「今まで、島が沈んだという民間伝承が科学的に証明された前例はない。大変面白く野心的な考えで、もし証明されれば、地質学、地震学、民俗学のなかで大変大きな発見となるだろう」と話したという。

戦後日本を代表する作家・三島由紀夫の代表作「潮騒」の舞台となった神島。その沖に沈んだ伝説の「鯛島」の現地調査は、国内の水中遺跡調査の一事例として興味深いところであり、今後のさらなる調査研究が期待される。

あとがき

水中考古学が産声をあげて半世紀以上。日本ではなじみが薄かったが、いま急速に注目を集めている。日本が海洋関連政策に総合的に取り組むことを定めた海洋基本法が２００７（平成19）年に施行され、海底に眠る沈没船や遺跡が荒らされるのを防ぐユネスコ水中文化保護条約が２００９年に発効した（日本は未批准、P76参照）。その年に東京海洋大学は大学院に「海洋考古学」講座を開設、また、東海大学でも海洋文明学科内に講座を開いており、日本でもようやく水中考古学の胎動が聞こえ始めてきた。とはいえ、世界の大学に比べ、講座内容はまだまだ未発達だ。学問と実践の場が提供されて初めて水中考古学が成り立つのである。

日本の周りには、まだ日の目を見ていない水中遺跡が数多く眠っている。文化庁が把握する国内の水中遺跡は３８７カ所。陸上の遺跡は約46万カ所あり、年間約８千件の発掘調査を行っているが、水中の発掘調査となると年間１件程度だ。

こうした環境下で２０１１年、琉球大学調査チームなどが長崎県鷹島《たかしま》沖海底から元寇の沈没船を発見し、翌年には周辺が「鷹島神崎《こうざき》遺跡」として水中遺跡で初の「国史跡」に指定された。これを

沖縄県多良間島沖のファン・ボッセ号の調査で発見された金属製の箱（多良間村教育委員会提供・片桐千亜紀氏撮影）

機に文化庁では、２０１３年に有識者による「水中遺跡調査検討委員会」を立ち上げ、水中遺跡調査の体制づくりを目指してさまざまな検討を行ってきた。２０１７年10月には、日本における「水中遺跡保護の在り方について（報告）」を公表し、陸上と同様、水中でも自治体が主体的に取り組むべきだとする国の指針が示された。また、２０１８年３月には、今後の水中遺跡保護を進める上で最も基礎的な資料となる「水中遺跡保護の在り方」を発表するなど進展をみせている。

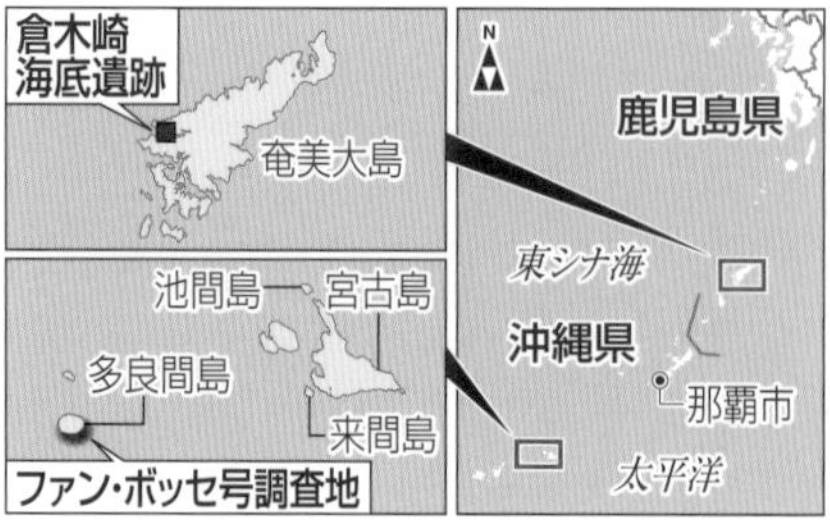

施策面で主導的な役割を期待されるのが九州国立博物館（福岡県太宰府市）だ。文化庁からの委託や一部自治体からの要請を受け、２０１４年から、中世の貿易陶磁器が大量に出土する奄美大島の「倉木崎《くらきざき》海底遺跡」（鹿児島県宇検村《うけんそん》）や19世紀に沈没したオランダ商船「ファン・ボッセ号」

(沖縄県多良間《たらま》島沖)などの実態調査を実施した。水中ロボットによる写真撮影や音波、地層探査機による海底地形図・断面図の作成など探査機器の有効性や探査手法の確立を目指し、科学的検証を行った。これらの調査方法は、今後自治体などで活用されるものと思われる。

さて、発掘調査では、引き揚げ後の保存処理が欠かせない。スウェーデンのバーサ号では、木材の脱塩処理やポリエチレン・グリコール(PEG)の含浸《がんしん》など保存・修復に30年以上かかっている。

倉木崎海底遺跡での金属探知機調査(イアン・マッカーン氏撮影・提供)

日本では、海底から引き揚げた船の保存処理例はまだなく、鷹島海底の元寇沈没船では、船体に銅網を被せる方法(鷹島1号沈船)や、土嚢《どのう》袋を積んで水温や酸素濃度を測定しながら、定期的に劣化状態をモニタリングする方法(鷹島2号沈船)がとられている。

ユネスコの水中文化遺産保護条約では、遺跡を発掘せず「現地保存」を基本原則とする。その思想が浸透していく中で、新時代の水中考古学は、水中遺跡をいかに保存し活用するかに重点が置かれ、海底遺跡をそのまま保存・公開する「海底ミュージアム」化や、2007年8月にアジア水中考古学研究所が長崎県小値賀《おぢか》島で開催したダイビングなどによる海底遺跡見学会など、今後もこうした試みが増えてくると思われる。

元寇船発見の長崎県松浦市では、２０１７年4月、自治体として初めて水中の遺跡を専門にする研究機関「水中考古学研究センター」を開設した。日本の「水中考古学の拠点」にすべく、保存技術の研究や水中調査に必要な専門職員の養成を目指す考えだ。

沈没船の引き揚げを主に国主導で行ってきた諸外国に比べ、わが国では、水中遺跡保護に関して十分な措置が図られてこなかった。「水中遺跡保護の在り方について」では、専門研究機関による地方公共団体への支援の必要性にも触れている。九州国立博物館で研究員を務め、現在帝京大学文化財研究所に所属する佐々木蘭貞《ランディ》氏は、「今後、水中遺跡を発見し周知の遺跡を増やしていくことが各市町村の主な作業となり、文化庁と九州国立博物館や奈良国立文化財研究所など諸研究所が協力して調査する体制をつくっていくことを目標としている」と話す。日本の水中考古学の発展のためには、まず国の支援体制の充実や地方自治体の体制整備が喫緊の課題となるのであろう。

長崎県小値賀島前方湾海底遺跡見学会（山本祐司氏撮影・アジア水中考古学研究所提供）

産経新聞に連載の際には、編集局文化部の安田奈緒美さん、古野英明さん、塩山敏之さんに種々お世話になった。厚くお礼申し上げます。

そして本書をまとめるにあたっては、東京新聞　出版・エンタテインメント事業部の岩岡千景部長、山﨑奈緒美さん、杉本慶一さんには、懇切丁寧な多くのご助言・ご指導をいただいた。心からのお礼を申し上げます。また、執筆を勧めてくれた社会部ニュースデスク長の蒲敏哉（現・岩手県立大学総合政策学部教授）氏や読者部デスクの藤原正樹氏にも大変お世話になった。ここに改めて感謝申し上げます。

本書執筆中の2021年3月に、恩師のジョージ・バス博士が米テキサス州で88歳の天寿を全うされた。

ここに、水中考古学の世界で今なお燦然と光り輝くバス氏への感謝と敬意をこめて、謹んで本書を捧げたいと思います。

2023年4月

井上たかひこ

◉参考文献

アジア水中考古学研究所『水中考古学研究』第2号　2006年
アジア水中考古学研究所『水中文化遺産データベース作成と水中考古学の推進　海の文化遺産総合調査報告書・太平洋編』　2013年
赤木正和「串本町紀伊大島沖に沈むエルトゥールル号探査報告」『月刊ダイバー』ダイバー　2007年4月号
『エルトゥールル号回顧展』（図録）中近東文化センター附属博物館　2007年
田辺昭三監修『はるかなる陶磁の海路展』（図録）朝日新聞社文化企画局　1993年
池田栄史「鷹島海底遺跡における水中考古学調査と発見した元寇船」『考古学ジャーナル』641号　ニューサイエンス社　1994年
井上隆彦「元寇船の海事史的研究」石井謙治編『日本海事史の諸問題　船舶編』　文献出版　1995年
井上たかひこ『水中考古学への招待』（改訂版）成山堂書店　2002年
井上たかひこ『海の底の考古学』舵社　2010年
井上たかひこ『水中考古学のABC』成山堂書店　2012年
井上たかひこ『水中考古学―クレオパトラ宮殿から元寇船、タイタニックまで』中央公論新社　2015年
岩淵聡文『文化遺産の眠る海』化学同人　2012年
岩淵聡文「咸臨丸の一五〇年」『うみ』中央公論新社　2021年4月号
江差町教育委員会　開陽丸引揚促進期成会『開陽丸―海底遺跡の発掘調査報告Ⅰ』1982年
江差町教育委員会『開陽丸―海底遺跡の発掘調査報告Ⅱ』　1990年
石橋藤雄『幕末・開陽丸』光工堂　2013年
小江慶雄『水中考古学入門』日本放送出版協会　1982年
木村淳　小野林太郎　丸山真史編著『海洋考古学入門』東海大学出版部　2018年

木村淳　小野林太郎編著　『図説　世界の水中遺跡』グラフィック社　２０２２年
児玉祥一『日本の遺跡と遺産1　縄文・弥生の遺跡』岩崎書店　２００９年
ランドール・ササキ『沈没船が教える世界史』メディアファクトリー　２０１０年
坂本藤良『坂本龍馬と海援隊』講談社　１９８８年
佐藤信編『水中遺跡の歴史学』山川出版社　２０１８年
菅浩伸文　山本遊児写真「水中考古学—精密地形図が語る海底遺跡」『月刊ダイバー』ダイバー　２０１７年5月号
土居良三『咸臨丸海を渡る』未来社　１９９２年
開館二十年記念特別展鞆まるごと博物館『坂本龍馬といろは丸事件』（図録）　福山市鞆の浦歴史民俗資料館　２００８年
鳥居鶴城「戦艦マリー・ローズ号の発見と引き揚げ」『考古学ジャーナル』２２６号　ニューサイエンス社　１９８３年
文化庁文化財部監修『月刊文化財』7月号　第一法規　２０１６年
文化庁『水中遺跡保護の在り方について』（報告）　２０１７年
文化庁文化財第二課『水中遺跡ハンドブック』２０２２年
九州国立博物館編集・発行『水の中からよみがえる歴史』（図録）２０１７年
九州国立博物館編集・発行『平成28年度　日中韓文化遺産フォーラム報告書』２０１７年
国立歴史民俗博物館編集『東アジア中世海道』毎日新聞社　２００５年
中川永編『西浜千軒遺跡—琵琶湖湖底遺跡の調査・研究』滋賀県立大学琵琶湖水中考古学研究会　２０１６年
（財）滋賀県文化財保護協会編『びわこ水中考古学の世界』サンライズ出版　２０１０年
野上建紀　ダニエレ・ペトレッラ「バイア海底遺跡見学記」『金大考古』59号　２００７年

林田憲三編『水中文化遺産』勉誠出版　２０１７年

林原利明　近藤逸人　岩淵聡文「初島沖水中文化遺産遺構検出図作成」『NEWSLETTER』アジア水中考古学研究所　２０１６年

星亮一　遠藤由紀子『徳川慶喜の無念』光人社　２００７年

三神国隆『海軍病院船はなぜ沈められたか』光人社　２００５年

三杉隆敏『新安沖海底の秘宝』ロッコウブックス　１９７８年

大和ミュージアム第25回企画展ガイドブック『海底の戦艦大和—呉市潜水調査の成果』２０１７年

山船晃太郎『沈没船博士、海の底で歴史の謎を追う』新潮社　２０２１年

H・エドワーズ（井谷善惠編訳）『蒼海の財宝』東洋出版　２００３年

サイモン・ジェイムズ（阪本浩日本語版監修）『知のビジュアル百科　古代ローマ入門』あすなろ書房　２００４年

アン・ピアソン（豊田和二日本語版監修）『知のビジュアル百科　古代ギリシャ入門』あすなろ書房　２００５年

リチャード・プラット（朝比奈一郎訳）『知のビジュアル百科　海賊事典』あすなろ書房　２００６年

リチャード・プラット（川成洋監修）『知のビジュアル百科　知られざる難破船の世界』あすなろ書房　２００８年

ドノバン・ウェブスター「大西洋に眠る海賊の財宝」『ナショナル・ジオグラフィック日本版』日経ナショナルジオグラフィック社　１９９５年５月号

ジョージ・F・バス「古代ギリシャ黄金期の沈没船」『ナショナル・ジオグラフィック日本版』日経ナショナルジオグラフィック社　２００２年３月号

ナイジェル・ピックフォード（手塚勲　長野ゆう訳）『世界の難破船と財宝地図』山と溪谷社　１９９５年

ロバート・D・バラード（中野恵津子訳）『タイタニック発見』文藝春秋　１９８８年
ロバート・D・バラード（荒木文枝訳）『タイタニック号、発見』世界社　１９９８年
ロドリゴ・デ・ビベロ（大垣貴志郎訳）『日本見聞記１６０９年』たばこと塩の博物館　１９９３年
ローラ・フォアマン（岡村圭訳）『悲劇の女王クレオパトラ』原書房　２０００年
ロヴィサ・ダル　イングリッド・ハル・ロス「戦艦バーサ号の保存—処理方法と現在の問題点」沢田正昭編集・監修『遺物の保存と調査』クバプロ　２００３年

Berta LIEDO and Cemal PULAK with contributions by Kazuhiro Hantani and Selcuk Kolay, "The Frigate Ertugrul:The 2007 Underwater Survey of Oshima Island,Japan", *The INA Annual*, 2007
Berta Liedo, "The Frigate Ertugrul:2009 Highlights-A Campaign Full of Surprises", *The INA Annual*, 2009
George F. Bass, ed. Beneath the Seven Seas, *Thames & Hudson*, London, 2005
Pan-American Institute of Maritime Archaeology, "The Monte Cristi Shipwreck Project 1993 Interim Report", *The Broadside*, Spring 1994.

（インターネット関連）
長崎市公式観光サイト「龍馬と海援隊」
サンケイビズ
有縁ネット

井上たかひこ（いのうえ・たかひこ）

水中考古学者。

１９４３年茨城県生まれ。法政大学卒業後、米国テキサス州立テキサスＡ＆Ｍ大学大学院水中考古学専攻修了。同大の水中考古学研究所で「水中考古学の父」ジョージ・バス博士の薫陶を受け、東洋人として初の水中考古学の学位を得るとともに、世界的に著名な水中遺跡の発掘調査に参加。その後、筑波大学博士課程歴史人類学研究科研究生を経て、茨城大学非常勤講師、カルチャースクール講師なども務めた。日本テレビ『世界一受けたい授業』に講師役として出演するなど日本の水中考古学の第一人者として活躍。日本水中考古学調査会会長。著書に『水中考古学への招待』『気がついたら水中考古学者』（茨城文学賞）『水中考古学のＡＢＣ』（いずれも成山堂書店）『海の底の考古学』（舵社）『水中考古学』（中央公論新社）など。

水中《すいちゅう》ミステリー
海底遺跡《かいていいせき》と難破船《なんぱせん》

2023年6月30日　第1刷発行

著　者　井上《いのうえ》たかひこ

発行者　岩岡千景
発行所　東京新聞
〒一〇〇‐八五〇五　東京都千代田区内幸町
二‐一‐四　中日新聞東京本社
電話［編集］〇三‐六九一〇‐二五二一
［営業］〇三‐六九一〇‐二五二七
FAX〇三‐三五九五‐四八三一
装丁・組版　常松靖史［TUNE］
印刷・製本　株式会社シナノ パブリッシング プレス

ISBN978-4-8083-1086-8　C1020